UWE HOLMER

# Zuversicht

*Weil Glaube trägt*

UWE HOLMER

# Zuversicht

## WEIL GLAUBE TRÄGT

vom Pastor, der
Erich Honecker
beherbergte

MIX
Papier aus verantwortungsvollen Quellen
FSC® C014496
FSC
www.fsc.org

Uwe Holmer
**Zuversicht**
*Weil Glaube trägt*

Best.-Nr. 271 730
ISBN 978-3-86353-730-2
Christliche Verlagsgesellschaft Dillenburg

Wenn nicht anders angegeben, wurde folgende Bibelübersetzung verwendet: Lutherbibel, revidierter Text 1984


1. Auflage

www.cv-dillenburg.de

Satz und Umschlaggestaltung:
Christliche Verlagsgesellschaft Dillenburg
Umschlagmotiv und Fotos im Innenteil: © Johannes Holmer

Druck: GGP Media GmbH, Pößneck
Printed in Germany

# Inhaltsverzeichnis

# Vorwort

Das vorliegende Büchlein ist eine Zusammenfassung verschiedener kleiner Artikel und Verteilhefte[1] unseres Vaters Uwe Holmer. Er erkennt in unserer Welt so viele weise, einander zugeordnete Zusammenhänge, die alle fürsorglich auf das Leben von uns Menschen ausgerichtet sind, dass für ihn überzeugend feststeht: Die Erde hat einen hochintelligenten, mächtigen Schöpfer, der es gut mit uns Menschen meint. Auch erkennt er in der Bibel das Wort Gottes, das uns das Woher und das Wohin, das Wie und das Wozu unseres Lebens erklärt.

Wenn manche Gedanken in diesem Büchlein hier und da etwas zu persönlich sein sollten, so schreiben Sie es der Tatsache zu, dass er mit seiner zweiten Frau Christine gemeinsam viele Jahre lang die „Enkelkinderfreizeit" organisierte und durchführte. Dabei war sein größter Wunsch, dass die Kinder und Kindeskinder in frühem Alter die große Freude und Gewissheit des Glaubens kennenlernen. Manches in diesem Buch ist auf diesem Hintergrund entstanden. Außerdem singt er für sein Leben gern, deshalb gehören viele Liedzitate zu seinen Gedanken. Manchmal beginnt er vielleicht auch ein wenig zu predigen …

Es wäre schön, wenn das vorliegende Büchlein manchem Leser die Zuversicht auf unseren großen, allmächtigen Schöpfer stärkt und ihm Anregungen zum Nachdenken gibt!

Johannes Holmer, Bülow im August 2020

# Kapitel 1

## Wie Gott mich Glauben lehrte

Ich erinnere mich: Ich ging im Jahre 1951 in Rostock mit einem Studienfreund von der Uni nach Hause. Er fragte mich: „Glaubst du wirklich alles, was in der Bibel steht?" Ich antwortete zögernd: „Ja, eigentlich schon, wenn ich nur ganz genau wüsste, dass es Gott wirklich gibt." Ich war fast erschrocken über mich selbst. Ist mein Glaube so schwach? Ich habe mich doch entschieden, Jesus zu folgen, und bin froh darüber. Ich will doch auch mit meinem Beruf Gott dienen. Hat mein Glaube sich nicht schon im Leben bewährt? Hat Gott mich nicht schon vor vielen inneren und äußeren Gefahren bewahrt?

Und dann las ich Matthäus 28, die letzte Erscheinung Jesu vor seinen Jüngern: „Als sie ihn sahen, fielen sie vor ihm nieder, einige aber zweifelten" (Mt 28,17). Kann das sogar noch Jesu Jüngern passieren? Und der Vater eines Jungen „mit einem bösen Geist" fleht Jesus an: „Ich glaube, hilf meinem Unglauben!" (Mk 9,24). Gehört etwa der Zweifel zum Glauben dazu? Ist dies das „Wachsen im Glauben"? Immer wieder hat die Nähe Jesu auch meinen Glauben wachsen lassen. Ich blieb einfach dran.

Deshalb sehe ich es heute wieder etwas anders: Ich denke schon, dass ich damals genug Glauben hatte, um in die Nachfolge Jesu einzutreten und die Entscheidung für die Theologie zu treffen. Und dennoch will Jesus uns im Laufe der Zeit - und im Leben mit ihm - den Glauben stärken und uns gewisser machen. So bitten in Lukas 17,5 sogar die Apostel: „Stärke uns den Glauben!" Und als die Jünger mit Jesus einen großen Sturm durchlebt hatten, sprach Jesus: „Was seid ihr so furchtsam, habt ihr noch keinen Glauben?"(nach Mt 8,26). So will Jesus allen seinen Nachfolgern im Laufe ihres Lebens den Glauben immer mehr stärken. Das ist auch die Erfahrung meines Lebens.

Hatte ich nicht schon – wie unser ganzes Volk – die mächtige Hand Gottes gespürt?

Ich erinnere mich an eine Begebenheit in meiner Kindheit: Unsere Eltern hatten Besuch von gläubigen Christen. Ich saß als Elfjähriger dabei. Es ging um die Frage: Ist Hitler der uns von Gott gesandte Führer oder gar der Antichrist? Er hat uns doch Arbeit und Brot gebracht. Die Wirtschaft boomte. Bezahlbare Wohnungen wurden überall gebaut.

Aber dann kam das Gespräch auf die Juden. Für sie einzutreten war 1940 lebensgefährlich und wohl auch schon reichlich spät. Die Runde war ratlos. Dann sagte jemand: „Aber in der Bibel steht: Israel muss noch wieder ein Volk werden." Meine Mutter sagte gar: „Kinder, wenn unser Volk beginnt, das Volk der Juden so direkt anzugreifen, dann kann das niemals gut gehen." Das war 1940.

1948 war Israel wieder ein Volk im eigenen Land. Die Bibel hat sich auch in dieser Frage als glaubwürdig erwiesen. Heute ist mir klar: Wer der Bibel folgt, muss grundsätzlich auf Israels Seite stehen, wenn auch nicht blind für alles, was in Israel politisch gemacht wird.

Vielleicht gehört hierher noch Folgendes: Es war 1944. Ich kam aus der Schule. Meine Mutter stand im Wohnzimmer, in einer Hand den Besen, in der anderen das „Schwarze Korps“, die Zeitschrift der SS. Sie sah mich an und sagte: „Geh bloß nicht mal zur SS.“ Ich entgegnete: „Die SS – das sind die zackigsten Soldaten. Die lassen sich nicht gefangen nehmen. Die kämpfen bis zuletzt.“ Meine Mutter entgegnete: „Ja, aber sie müssen Gefangene und Juden erschießen.“ Das hatte sie offenbar gerade in der SS-Zeitung gelesen. Ich war sehr betroffen. Nein, das wollte ich nicht. Ich kannte doch Abraham und Mose und David und Jesus und die Jünger. Sie alle waren Juden. Sie zu erschießen, dazu auch wehrlose Gefangene, das war ein Verbrechen. Meine Mutter schob eins nach: „Am besten meldest du dich überhaupt nicht freiwillig. Wenn sie dich haben wollen, sollen sie dich holen, aber du meldest dich nicht freiwillig.“ Tatsächlich kam bald danach die Aufforderung an uns 15-Jährige, uns freiwillig zu den Soldaten zu melden. Das tat ich also nicht. Schließlich waren wir acht von insgesamt etwa 100 Hitlerjungen, die sich nicht freiwillig zur SS gemeldet hatten. So bekamen wir Restlichen den „dienstlichen Befehl, uns freiwillig“ zu melden. Einige Zeit später waren wir 100 Hitlerjungen aus dem Bereich Wismar-Nord wieder angetreten. Der „Stammführer“ sah mich und fragte: „Hast du dich gemeldet?“ Ich: „Nein.“ Er wandte sich an den obersten Hitlerjungenführer von Wismar mit den Worten: „Bannführer, ich bitte, den Oberrottenführer Holmer zum Hitlerjungen zu degradieren.“ Ich musste vortreten und wurde gefragt, was los sei. Der Bannführer zeigte hinter sich. Dort saß schon jemand mit einem Meldeformular und füllte es aus. Ich sollte unterschreiben. Das tat ich nicht. Er hatte mich für die SS angemeldet. Meine Antwort: „Ich geh nicht zur SS.“ Er: „Alle gehen zur SS, du auch.“ Es gab ein langes Hin und

Her. Schließlich setzte ich mich durch und sagte ihnen, dass ich nur zur allgemeinen Infanterie gehen würde. Einige Tage später musste ich noch einmal vor acht Hitlerjungenführern erscheinen, wo sie mich beschimpft, blamiert und als Feigling bezeichnet haben. Ich ließ das über mich ergehen. Als sie mich entlassen hatten, bin ich innerlich gesprungen vor Freude: „Du hast dein Gewissen gerettet." Daraus ist mir die Devise erwachsen: „Handle nach deinem Gewissen – und du bist frei." Das hat sich auch später im Sozialismus mehr als einmal als hilfreich erwiesen.

Ein Weiteres stärkte meinen Glauben an Gott, den Herrn der Geschichte. Auch das war im Jahr 1940: Adolf Hitler hielt nach dem Überfall auf Polen, Holland, Belgien und Frankreich eine seiner berühmt-berüchtigten Reden. Wenn eine „Rede des Führers" angekündigt war, hing alles Volk an den Radiogeräten. Mit überheblichem Pathos schrie er ins Mikrofon hinein: „Unsere Bunker sind voll von Granaten und Bomben. Wir sind unbesiegbar." Große Teile unseres Volkes schrien zurück: „Hurra, hurra!"

Und dann hat Hitler in seinem gottlosen Überheblichkeitswahn 1941 die Sowjetunion überfallen. Tief drang er nach Russland ein und zerstörte Städte, Dörfer und tötete ungeheuer viele Menschen. In seiner wahnsinnigen Torheit hat er sogar noch von sich aus den USA den Krieg erklärt.

Doch genau danach schickte uns der Herr der Welt die härtesten Winter, die wir je erlebten. Warum wohl gerade jetzt? In unserer Stadt Wismar war der Boden bis tief in die Erde gefroren. Sogar die tiefliegenden städtischen Wasserleitungen waren vereist. Unseren Soldaten im eisigen Russland erfroren Hände und Füße. Frauen in Deutschland wurden aufgefordert, ihre Pelzmäntel für die kämpfende Truppe zu spenden. Vor Stalingrad fand dann der Vormarsch ein bitteres Ende. Und nun hieß es in den Nachrichten fast monoton Tag um Tag: „Unsere tapferen Soldaten haben in ‚siegreichem Rückzug' dem Feind schwere Verluste zugefügt." Das hieß auf Deutsch: Die Kriegsfront rollte unaufhaltsam auf Deutschland zu. Wir aber mussten in der Schule noch gegen Ende des Krieges von einem Lehrer hören: „Die Lage wäre verzweifelt – wenn wir nicht unseren Führer hätten." Ströme von Flüchtlingen aus dem Osten suchten Zuflucht im Rest Deutschlands. Nun musste unser Volk der Wirklichkeit ins Auge sehen und das bittere Ende erleben. Viele haben damals Gott reden gehört. Diese gottlose Schurkerei und viel, viel Leid hatten uns die Augen geöffnet. Unser Volk hatte Gott verlassen und war in Scharen Hitler gefolgt. Blindlings hatte Deutschland in Hitlers Auftrag furchtbare Verbrechen verübt. Wer am Ende des Zweiten Weltkriegs nicht Gottes starke Hand gespürt hatte, wollte sie nicht sehen. Danach aber waren die Kirchen voll.

Den Neuanfang haben weitsichtige, gottesfürchtige Männer und Frauen, zumindest im Westen, dann unter das Motto gestellt: „Im Bewusstsein seiner Verantwortung vor Gott gibt sich das deutsche Volk dieses Grundgesetz ..." Bei mir hat sich der Glaube an den lebendigen Gott tiefer ins Herz gesenkt. Dass diese Besinnung in unserem Volk nicht lange gehalten hat, ist mir der große Schmerz meines Lebens. 1968 schlugen die Gottesfurcht und die „Verantwortung vor Gott" um in Rebellion gegen Gott. Große Teile der Jugend beteiligten sich am Aufruhr gegen die göttlichen Ordnungen von Staat, Kirche und Familie.

Trotzdem hat unser Volk einmal wieder die gütige Hand Gottes erlebt, durch die friedliche Revolution und die unblutige Überwindung der Teilung Deutschlands 1989.

Jahrelange Friedensgebete waren der Vorlauf. Und dann die vollen Kirchen und der Ruf „Keine Gewalt!" Kerzen und Gebete waren die „Waffen" der Hunderttausenden von friedlichen Demonstranten. Als Erich Honecker noch im Januar 1989 bei der Gedenkveranstaltung für Rosa Luxemburg und Ernst Thälmann in Berlin vor Zigtausenden, die ihm zujubeln mussten, rief: „Die Mauer steht noch hundert Jahre", habe ich nur gebetet: „Herr, gib, dass er nicht recht hat." Doch dann fiel die Mauer schon zehn Monate danach – wer das nicht als Wunder Gottes sehen kann, den bedaure ich. Die Mauer und das ganze System des Ostblocks standen bombenfest. Ost und West waren mit atomaren Waffen hoch gerüstet. Ein Krieg hätte die Welt zerstört. Ost und West waren ratlos, auch wir Menschen alle. Gott aber hat den Fall der Mauer genial mit lauter kleinen, friedlichen Faktoren zusammengeordnet: Die jahrelangen Friedensgebete, Gorbatschows Perestroika, Honeckers Krankheit, die Sprachverwirrung Schabowskis und Kohls sofortiges Handeln – „Das ist vom HERRN geschehen und ein Wunder vor unseren Augen"(Ps 118,23). So hat Gott auch damit meinen Glauben gefestigt und gegründet.

Noch etwas anderes hat mich tief geprägt. Irgendwann las ich das Buch von Erich Hitzbleck „Wunder im Naturgeschehen".[2] Durch dieses Buch bin ich zum Naturfreund geworden, der überall im Weltall Spuren des Schöpfers erkennt. Gott beweist sich selbst in seiner ganzen Schöpfung! Ihn selbst sehe ich zwar nicht (daher damals der Zweifel). Aber seine Spuren weisen für mich unzweifelhaft auf Gott hin. Sie können weder durch die bloße Materie noch durch Zufall entstanden sein. Heute glaube ich fester denn je nicht nur an Gottes Dasein, sondern zugleich auch an seine alles überragende Macht und Weisheit, an seine gütige Fürsorge für uns Menschen und an meine Zukunft bei ihm. Im Hebräerbrief heißt es: „Wer zu Gott kommen will, der muss glauben, dass er ist und dass er denen, die ihn suchen, ihren Lohn gibt" (11,6).

Der Glaube an Gott, unseren Schöpfer, ist die Grundlage für alles frohe, gewisse Christenleben. Diesen Glauben meinen Mitmenschen überzeugend nahezubringen, dazu habe ich dieses Büchlein geschrieben.

Aber lies selbst:

Kapitel

2

# Gott spricht durch die Wunder der Schöpfung

Ich fühle mich wie ein Kind im wunderbar geordneten Haus meines himmlischen Vaters.

Das erkenne ich mit zunehmendem Staunen und singe deshalb gern mit Emanuel Geibel:

„Die ganze Welt ist wie ein Buch,
darin uns aufgeschrieben
in bunten Zeilen manch ein Spruch,
wie Gott uns treu geblieben.
Wald und Blumen nah und fern
und der helle Morgenstern
sind Zeugen von seinem Lieben."[3]

Es ist für mich einfach unvorstellbar zu denken, dass diese wunderbare Welt ein Produkt des Zufalls ist. Sonne, Mond und Sterne, auch unsere gastliche Erde laufen ihre Bahn mit äußerster Präzision Tag für Tag, Jahr um Jahr. Und all das ist ausgerichtet auf die Erhaltung unseres Lebens, schafft gute Wachstumsbedingungen für Pflanzen, Tiere und uns Menschen. Mit planloser „Evolution" von Materie ist doch dieses präzise, zielgerichtete und sinnvolle Ordnungsgefüge kaum zu erklären.

Überall erkenne ich im Zusammenspiel von Weltraum und Sonnen, von Planeten und Erde, von Kontinenten und

Ozeanen eine hohe Intelligenz und Schöpferkraft, der ich nur nach-denken kann, was sie schon längst vor mir geplant und geschaffen hat.

Einige Beispiele:

## Vielleicht das größte Wunder in unserer Welt ist die Sonne

In einem lebensfeindlichen, minus 273 Grad kalten Weltraum dreht sich unsere Erde genau in der richtigen Entfernung um die Sonne, die an ihrer Oberfläche ca. 6000 Grad heiß ist, und zwar so, dass es für uns Lebewesen nicht zu kalt und nicht zu heiß ist. Die Gelehrten sagen uns, dass kein Leben existieren könnte, wenn wir auch nur etwas weiter weg von der Sonne oder auch etwas näher dran wären. Bei 150 Millionen Kilometern Entfernung wäre das schon ein unglaublicher Zufall, dass unsere Erde so genau in der richtigen Entfernung um die Sonne kreist. Und dass der wunderbare „Atomreaktor Sonne“ schon Jahrtausende lang funktioniert und genau die nötige Größe hat und die genau richtige Energiemenge zu uns sendet, das soll auf zufälliger Evolution beruhen? Es gibt da keine Chance für viel Toleranz. Wir brauchen eine Temperatur zwischen 50 Grad plus und 50 Grad minus. Alles, was sich da „entwickeln“ und die Entfernung der Sonne von der Erde verändern würde, wäre für uns tödlich!

Ohne Sonne wären wir in wenigen Stunden tot. Es garantiert unser Leben, dass die Sonne im Verhältnis zur Erde ganz feststeht. Auch wird sie nicht größer und auch nicht kleiner. Sie verändert nicht ihre Masse, erschöpft sich auch noch lange nicht. Und das geht nun schon Tausende von Jahren so. Wo bleibt da eigentlich die Evolution? Wodurch kam sie genau in ihre einzig richtige Entfernung, um uns die Temperatur des Lebens zu geben? Und da steht sie nun – gewissermaßen „bombenfest".

Da denke ich nun nicht an Darwin, sondern an die Bibel, die uns schon in ihrem ersten Kapitel von der Schöpfung der Welt berichtet, verständlich für die Menschen vor 3000 Jahren und auch für uns heute:

„Gott sprach: Es werden Lichter an der Feste des Himmels, die da scheiden Tag und Nacht und geben Zeichen, Zeiten, Tage und Jahre und seien Lichter an der Feste des Himmels, dass sie scheinen auf die Erde. Und es geschah so" (1Mo 1,14f.).

Unsere wunderbare Welt: Schöpfung oder Evolution? Hühnerei und Embryo „entwickeln sich", also „Evolution"? Nein, sie sind programmiert, lange bevor es Computer und menschliche Programmierer gab! Evolution ohne Programm funktioniert nicht, hat kein Woher und kein Wohin.

Wenn ich den Kölner Dom anschaue, kann ich zwar in gewisser Weise behaupten, er sei „entwickelt" worden. Aber nicht so, als habe er sich selbst entwickelt! Ein nachdenklicher Mensch erkennt viel Planung und schließt auf ein Team von Fachleuten mit hohen geistigen Kompetenzen und vielen handwerklichen Fähigkeiten, auch wenn er den Planer und die Handwerker selbst nicht sieht. Er erkennt mit Sicherheit hinter dem Bau den unsichtbaren Verstand des Architekten und den der Bauarbeiter.

Wenn ich die Welt ansehe, erkenne ich: Alles ist planvoll auf den Menschen hin angelegt. Die Welt ist für uns zum Lebensraum gemacht. Je älter ich werde, desto deutlicher steht mir vor Augen: Ein Christ muss kein „sacrifitium intellectus“ erbringen, muss also nicht seinen Verstand opfern, um dem Wort Gottes zu glauben. Man kann sich Gott auch denkend nähern, eben mit dem Intellekt.

Ein weiteres grandioses Beispiel dafür ist:

## Der Wasserhaushalt der Erde

Unser Schöpfer schuf für die ganze Welt eine große Wasseraufbereitungs- und Reinigungsanlage. Wir verschmutzen ständig unser Wasser durch Waschen, Toiletten-Nutzung und vieles andere. Das schmutzige Wasser entsorgen wir in die Flüsse, Seen und die salzigen Ozeane hinein. Die Sonne aber verdampft große Mengen Wasser und lässt es gereinigt in die Höhe steigen. Der Schmutz bleibt unten. In der Atmosphäre macht der Dampf nach einigen Kilometern halt. Er kann nicht weiter steigen, kann unsere Erde nicht verlassen. Warum? Weil die Weltraumkälte den Dampf kondensiert. Und nun bringt der Wind die Regen- oder Schneewolken über Meer und Land zu uns zurück. Es wird sogar noch durch die Erde gefiltert und mit einigen Mineralien angereichert, sodass wir ständig sauberes Wasser zum Leben haben. Es stillt unseren Durst und lässt Bäume und Pflanzen wachsen. Das ist fundamental wichtig für alles, was auf der Erde lebt. Ich sehe auch darin eines der vielen Zeichen für die Weisheit und Fürsorge unseres Schöpfers. Dafür muss ich ihm einfach staunend danken: Was für ein guter, weiser Vater!

Übrigens hat unser Schöpfer dafür gesorgt, dass unser Globus etwa zweieinhalbmal mehr Wasseroberfläche als Landoberfläche hat (ca. 71 %). Nur dadurch verwandelt die

Sonne genügend Wasser in Dampf, sodass ständig genügend Regenwasser für die Erde gewonnen wird. Vor allem aber: Es geht kein Wasser verloren! Es kommt immer wieder auf die Erde zurück. Was wäre, wenn das Wasser diese Erde verlassen könnte? Dann hätten wir schon lange kein Wasser mehr zum Leben. Doch über Jahrtausende blieb alles Wasser bei uns. Wir trinken wahrscheinlich noch dasselbe Wasser, das schon Nebukadnezar im 6. Jahrhundert v. Chr. getrunken hat. So sehen wir auch am Wasser, dass Gott es gut mit uns meint.

Als Gott die Welt schuf, sagte er nach jedem Abschnitt: Gut gelungen! („Und Gott sah, dass es gut war“, 1Mo 1).

Da wir gerade beim Wasser sind, noch ein Wunder, den Naturgesetzen fast zum Trotz:

## Die Anomalie des Wassers, seine „Ungesetzlichkeit“

Es ist ein Naturgesetz, dass sich alle Stoffe ausdehnen, wenn sie warm werden, und dass sie bei zunehmender Kälte schrumpfen. Nur das Wasser folgt einem zusätzlichen eigenen Gesetz, es verhält sich in einem wichtigen Aspekt „anormal“. Denn es hat seine größte Dichte bei plus 4 Grad Celsius und dehnt sich wieder aus, wenn es kälter wird. Dann gefriert es zu Eis und schwimmt auf der Wasseroberfläche, sodass es die Seen vor Auskühlung bewahrt. Dadurch können die Lebewesen am Seegrund überleben, weil die Seen nicht von unten nach oben einfrieren, sondern umgekehrt. Ohne diese Wasseranomalie wären die Ozeane von den Polen her bis auf den Grund vereist. Ob das ein Zufall hinbekommt oder eine geistlose Evolution? Ich denke, da kann man schon auf hohe Intelligenz und Schöpferkraft schließen.

Ein weiteres Beispiel ist:

## Die Schrägstellung der Erdachse

Sie ist mit 23,5 Grad optimal geneigt und beschert uns Frühling, Sommer, Herbst und Winter. Diese einfache, kleine Schrägstellung der Erdachse sorgt dafür, dass sowohl auf der Nord- als auch auf der Südhalbkugel der Erde Ernten möglich sind und Menschen satt werden können. Es ist fast wie ein kleiner Trick, der aber große Auswirkungen auf unseren Globus hat! Genial hat unser Schöpfer das eingerichtet. Ich sehe darin seine Weisheit und väterliche Fürsorge. Denn ich weiß, was Hunger bedeutet. So sitze ich nun jeden Tag am Tisch meines himmlischen Vaters und kann essen – und viele Mitgeschöpfe mit mir. Klar, dass ich ihm dafür danke, auch mit dem Tischgebet. Und sehr schnell wird dann auch klar, dass es eine Freude ist, die Reichtümer der Schöpfung und das Wissen darum mit anderen zu teilen.

Es gibt weitere Zeugnisse von der Weisheit und Macht unseres Schöpfers, etwa:

## Das optimale Mengen-Verhältnis von Sauerstoff und Stickstoff

Nur dadurch arbeiten unsere Körperfunktionen richtig. Oder man denke an den Kohlenstoff, der überhaupt erst organisches Leben ermöglicht, und zwar dadurch, dass die

Photosynthese der Pflanzen den Kohlenstoff in eine nutzbare Form umwandelt. Dies geschieht durch Ausnutzen der Sonnenenergie und durch Umwandlung von Kohlendioxid ($CO_2$) und Wasser in Zucker und (durch andere Prozesse) in weitere Pflanzenstoffe, sodass grüne Pflanzen und Bäume wachsen können. Das ist einfach genial: Aus diesen wenigen Grundstoffen, mit vielleicht noch ein paar Kristallen, schafft unser Schöpfer allem Leben auf der Erde die nötige Nahrung!

Ein weiteres Wunder der Fürsorge unseres Schöpfers:

## Unsere Erde dreht sich täglich um sich selbst in einem Rhythmus von 24 Stunden

Das beschert uns einen Tag und eine Nacht von jeweils durchschnittlich 12 Stunden. Das wiederum bewahrt uns an jedem Tag vor extremer Auskühlung und extremer Überhitzung. Wenn es morgens kalt geworden ist, „geht die Sonne auf" und wärmt uns. Und wenn es mittags heiß ist, beginnt sie „ihren Abstieg", und es wird wieder angenehm kühl. Der Mond braucht für eine Umdrehung um sich selbst 28 Tage, hat also 14 Tage „Tag" und 14 Tage „Nacht". Da wechseln sich im 14-Tage-Rhythmus Temperaturen von über 100 Grad Hitze und über 100 Grad Kälte ab. Für uns wäre dieser Mond-Rhythmus absolut tödlich.

## Ein Wunderwerk besonderer Art sind wir Menschen selbst

Jede unserer Zellen enthält das ganze Bauprogramm für unseren Körper. Bis in die Einzelheiten hinein von Haaren und Augenfarbe und unserem Aussehen ist jeder Mensch individuell gewollt und gestaltet. Das beginnt so: Zwei Keimzellen verschmelzen miteinander. Eizelle und Samenzelle haben je 23 Chromosomen. Bei der Verschmelzung entsteht eine erste Körperzelle mit 46 Chromosomen, davon sind entweder zwei X-Chromosomen (bei Frauen) oder ein X- und ein Y-Chromosom (bei Männern). Bei anderen weiteren Zellen des Menschen, die daraus entstehen, ist das genauso. Die Chromosomen und die enthaltenden Gene bilden neben anderen Informationssystemen der Zellen das „Programm", die „Software" des Menschen und tragen zu seinem individuellen, einzigartigen Wesen bei. Ein neues Leben hat begonnen nach Gottes Schöpfungsplan. Großartig ist, wie unsere Gene genutzt werden, damit wir geformt werden.

Es ist falsch, wenn Gender-Ideologen sagen, dem Menschen werde „bei der Geburt das Geschlecht zugewiesen". Nein! Gott weist uns das Geschlecht zu, und zwar ganz früh, unter anderem auch durch die Festlegung unserer Geschlechtschromosomen (X- und Y-Chromosom). Wohl dem, der sein Geschlecht und damit Gottes Plan für sein Leben bereitwillig annimmt. Das schafft Frieden in der Seele, Freude und Gewissheit – und ermöglicht, eigene Kinder zu bekommen.

Übrigens wissen wir heute, dass eine Mutter bei einem Jungen anders zusammengesetzte Muttermilch an ihr Kind weitergibt als bei einem Mädchen. Wenn das nicht genial ist! Es zeigt uns: Gott hat den Beginn jedes Menschenlebens individuell geplant und gestaltet. [4]

***Erstaunlich ist auch unser Gehirn***

Mit seinem Erinnerungsvermögen, Denken, Wissen und Wollen ist es ein besonderes Wunderwerk. Und dann sind da noch unsere hochsensiblen Sinne, die uns befähigen, uns in unserer Umwelt zurechtzufinden: Sehen, Hören, Fühlen, Riechen und Schmecken. Alle unsere Sinne sind großartige Wunderwerke, wie sie zum Beispiel ein Bild in Nervenimpulse verwandeln, ins Gehirn transportieren, das dann wiederum ein Bild daraus formt. Ebenso auch die Schallwellen: Sie werden aufgenommen von unserem Ohr. Dieses leitet sie über Nervenimpulse ins Gehirn. Dort werden sie wieder zu Tönen, sogar zu Musik und zu verständlicher Sprache.

Selbst Darwin kam gegen Ende seines Lebens ins Grübeln. In einer frühen Auflage seines Buches „Über die Entstehung der Arten“ schreibt er: „Die Annahme, dass sogar das Auge mit allen seinen unnachahmlichen Vorrichtungen, um den Focus den mannigfaltigsten Entfernungen anzupassen, verschiedene Lichtmengen zuzulassen und die sphärische und chromatische Abweichung zu verbessern, nur durch natürliche Zuchtwahl zu dem geworden sei, was es ist, scheint, ich will es offen gestehen, im höchsten möglichen Grade absurd zu sein.“[5]

Übrigens steht auch hier wieder ein Hinweis aus neuerer Hirnforschung der Gender-Ideologie entgegen: Wir wissen heute, dass das Gehirn einer Frau andere Bereiche für spezielle Funktionen hat als das des Mannes.[6] Das kann sich nicht durch Erziehung oder soziale Konstellationen gebildet haben, sondern entsteht ganz früh vor der Ausbildung einzelner Merkmale im Mutterleib.

Ebenso großartig finde ich das kleine, aber aussagekräftige Beispiel:

***Die Nabelschnur***

Sie leitet das Blut von der Mutter mit recht hoher Geschwindigkeit von 6 km/h zum Kind. Dadurch entsteht in der Nabelschnur ein Bluthochdruck. Der bewirkt den gleichen Effekt wie der Wasserschlauch bei der Feuerwehr. Sobald er unter Druck steht, richtet er sich gerade aus und die Knicke verschwinden. Es ist lebensnotwendig, dass die Nabelschnur nicht abgeknickt wird, weil sonst die Versorgung des Kindes im Mutterleib unterbrochen wird. Kommt dieser lebenswichtige Kunstgriff von der Mutter, von der Natur, von Zufall und Evolution – oder doch von einem Schöpfer? Dann hat er auch das bedacht, bevor wir das Licht der Welt erblickten! Ärzte könnten uns viele weitere Wunder an Leib und Seele aufzählen.

Da kann ich nur staunen und mit Psalm 139 ausrufen:

> „Du hast meine Nieren (oder mein Inneres) bereitet und hast mich gebildet im Mutterleibe. Ich danke dir dafür, dass ich wunderbar gemacht bin; wunderbar sind deine Werke; das erkennt meine Seele. Es war dir mein Gebein nicht verborgen, als ich im Verborgenen gemacht wurde, als ich gebildet wurde unten in der Erde. Deine Augen sahen mich, als ich noch nicht bereitet war, und alle Tage waren in dein Buch geschrieben, die noch werden sollten und von denen keiner da war. Wie schwer (gewichtig) sind für mich Gott deine Gedanken. Wie ist ihre Summe so groß!“ (V. 13-17)

Der Apostel Paulus hat dies im Römerbrief so beschrieben:

> „Was man von Gott erkennen kann, ist unter ihnen (den Menschen) offenbar; denn Gott hat es ihnen offenbart. Denn Gottes unsichtbares Wesen, das ist seine ewige Kraft und Gottheit, wird seit der Schöpfung der Welt ersehen aus seinen Werken, wenn man sie wahrnimmt, sodass sie keine Entschuldigung haben." (1,19-20)

„Wenn man sie wahrnimmt" ist in der Lutherbibel nur undeutlich übersetzt. Das griechische *nooumena kathoratai* müsste genau übersetzt lauten: „vernunftgemäß geschaut". In *nooumena* ist nämlich *nous* (Vernunft) enthalten. Der Griechischexperte Walter Bauer übersetzt die Worte des Apostels so: „Gottes unsichtbares Wesen … wird … ersehen aus seinen Werken, wenn man sie mit dem Auge der Vernunft anschaut." Wir brauchen also ein von unserer Vernunft bestimmtes Hinschauen, um „Gottes unsichtbares Wesen, seine ewige Kraft und Gottheit" in der Schöpfung zu erkennen. Oder ganz einfach: Wir müssen nur unseren Verstand benutzen, um unseren Schöpfer an seiner wunderbaren Schöpfung erkennen zu können.

So einfach soll das sein? Ja, so einfach ist es. Ob ich an Gott glaube oder nicht, ist keine Frage der Intelligenz. Es glauben sowohl ganz schlichte als auch äußerst kluge Menschen an Gott.

Deshalb noch einmal: Stell dir vor, ich stünde mit einem Freund vor dem Kölner Dom. Wir könnten uns kaum sattsehen: die ungeheure Höhe der Zwillings-Türme, die neugotischen, exakt gebauten Fenster. Alle vertikalen Pfeiler und Kanten weisen nach oben. Und dann das imposante Portal und der helle, hohe Innenraum und, und, und ... Und dann sage ich zu ihm: „Ich sehe da etwas, was man gar nicht direkt sehen kann.“ Mein Freund ist irritiert. Doch ich fahre fort: „Es ist nichts Materielles, was ich da sehe. Es ist unsichtbar, aber es ist da. Ja, dieses Unsichtbare ist das Wichtigste von allem. Es gibt dem Sichtbaren erst Sinn und Form. Wenn ich den Dom anschaue, sehe ich darin enthalten eine unsichtbare geistige Kraft. Ich sehe darin Vernunft, Verstand und Fachwissen.“ Sieh dir nur einmal die vielleicht 100 000 Dachziegel an. Alle sind sie mit Verstand gebrannt, mit zwei Nocken auf der Unterseite, damit die Dachlatten sie halten können. Und dann sieh dir an, wie sie aufgelegt worden sind, immer so, dass der obere Ziegel den unteren überlappt. So kann er das Regenwasser weitergeben bis zum untersten Ziegel, der es dann an die Traufe weiterleitet. Und kein Wasser dringt ins Innere der Kirche, sondern alles bleibt draußen. All die vielen Ziegel sind nach dieser Ordnung gelegt. Nichts ist dem Zufall überlassen. Das hat sich nicht von allein entwickelt. Nein, da begegnet mein Verstand dem Verstand des Architekten und dem der Dachdecker. Ohne deren geistige Planung und zielgerichtete Ordnungskraft läge alles Material in chaotischem Durcheinander auf dem Platz herum.

So sehe ich in der schön geordneten Welt das unsichtbare Wesen und die ordnende ewige Kraft Gottes. Gott selbst kann ich zwar nicht sehen. Aber an der wunderbaren Schöpfung sehe ich das unsichtbare Dasein, Wirken und Schaffen des Schöpfers. Alle Materialien sind so zusammengeordnet, dass sie für uns Menschen zum Lebensraum geworden sind. Ja, selbst in uns Menschen ist alles so geordnet, dass wir verantwortlich leben, denken, schaffen und uns in das Ganze der Welt einordnen können. Selbst einen Kompass und Anker hat Gott uns ins Herz gegeben, dass wir nie von Gott wirklich loskommen: unser Gewissen.

So erkenne ich: Es stimmt, was Paulus im Römerbrief (1,19-20) schreibt! „Was man von Gott erkennen kann, ist unter uns Menschen offenbar. Denn Gott hat es uns offenbart. Sein unsichtbares Wesen, seine ewige Kraft und Gottheit, wird seit der Schöpfung der Welt aus seinen Werken ersehen, wenn wir sie mit Augen ansehen, die von unserer Vernunft gesteuert sind" (sinngemäß zitiert). Das ganze Weltgefüge spricht zu uns. Wir müssen nur hinhören, hinsehen und denken! Die Theologen nennen es die Ur- oder Naturoffenbarung Gottes, die jedem denkenden Menschen offensteht.

Nicht nur Christen erkennen Gott an seinen wunderbaren Werken. Auch der heidnische römische Schriftsteller Cicero (106-43 v. Chr.) hat schon von den Wundern der Schöpfung auf ein „erhabenes, ewiges Wesen" geschlossen. Er schrieb: „Die Schönheit der Welt und die Ordnung in den Himmelsräumen zwingt uns das Geständnis ab, dass es ein erhabenes und ewiges Wesen gebe, und dass dieses von dem menschlichen Geschlecht verehrt und bewundert werden müsse."[7]

## Diese Erkenntnisse sollten Konsequenzen für uns haben

Letztlich ist die entscheidende Frage, ob ich mich meinem Schöpfer unterordnen will oder ob mich selbst behaupten und mich von ihm unabhängig machen oder gar über ihm stehen will.

*Konsequenz 1:*

Paulus sagt in Römer 1,19-20 klar: Man kann Gottes Dasein erkennen, wenn man die Werke der Schöpfung mit dem Auge der Vernunft anschaut. Wie ich oben gezeigt habe, sehe ich dafür viele Beispiele.

Daher bin ich gewiss,

- „dass mich Gott geschaffen hat samt allen Kreaturen" (Luthers kleiner Katechismus).
- dass die Bibel Gottes Wort ist, das mir ausreichende Orientierung über Gott, die Welt und über uns Menschen gibt. Gott kann gebieten – ich will gehorchen.
- dass die Urgeschichte (1Mo 1-3) mit Paradies, Sündenfall, Vertreibung aus dem Paradies und Ankündigung des Menschensohnes, der der Schlange den Kopf zertreten wird, uns wichtiges Grundwissen über die Welt und uns Menschen gibt.
- dass die Erde von Gott verdunkelt (verflucht) ist, sodass sie zugleich schön und doch auch von Sünde, Krankheit und Tod geprägt wird. Kains Brudermord ist ein Signal für den Zustand der Welt.
- dass ich mich fest darauf verlassen kann, was Jesus am Kreuz von Golgatha ausgerufen hat: „Es ist vollbracht!" Der Schlange als Verkörperung des Bösen ist der Kopf zertreten. Jesus ist Sieger über Sünde, Tod und Teufel.
- dass Jesus als das Lamm Gottes, das die Sünde der Welt trägt, in Vollmacht sagen kann: „Ich bin die Auferstehung und das Leben. Wer an mich glaubt, wird leben, auch wenn er stirbt" (Joh 11,25).

- dass auch stimmt, was Gott spricht: „Siehe, ich mache alles neu“ (Offb 21,5).

Die Wunder Gottes in der Schöpfung sind eine starke Vergewisserung meines Glaubens an den dreieinigen Gott. So weiß ich, dass ich von Gott geschaffen bin, dass ich als Geschöpf unter meinem Schöpfer stehe. Ihm will ich gehören und gehorchen.

*Konsequenz 2:*
Paulus schließt seine Aussage über die Erkenntnis Gottes durch die Natur in Römer 1,19-20 mit den Worten ab: „... sodass sie keine Entschuldigung haben.“ Damit sagt er: Wer ohne Gott lebt oder ihn nicht beachtet, kann, wenn er einmal vor Gott steht, nicht sagen: „Ich habe von dir nichts gewusst.“ Die Naturoffenbarung Gottes ist für jeden vernunftbegabten Menschen zugänglich und macht ihn zu einem verantwortlichen Geschöpf. Da Gott mich geschaffen hat, soll Gott auch für mich die höchste Autorität sein.

Wer sich jedoch von Gott als seinem Schöpfer emanzipiert, ihm den Rücken kehrt, macht sich selbst zum Herrn, auch über Gott. Damit verkennt er die Realität. Das geht bestenfalls so lange gut, bis sein Schöpfer ihn ruft: „Komm wieder, Menschenkind“ (nach Ps 90,3). Gott wird ihm sagen: Hättest du deine Vernunft gebraucht, hättest du an der Schöpfung deinen Schöpfer und Herren erkannt und dich ihm willig untergeordnet. Wer weise ist, wendet sich an Gott: „Lehre uns bedenken, dass wir sterben müssen, auf dass wir klug werden“ (V. 12).

*Konsequenz 3:*
Ich will Gott, meinen Schöpfer, anerkennen und ihm gehören und gehorchen für Zeit und Ewigkeit. Ich will täglich Kontakt zu ihm halten. Mit 14 Jahren habe ich ihm im Rahmen unseres Jugendkreises „Entschieden für Christus" (EC) zugesagt: „Ich will jeden Tag Gottes Wort lesen und beten. Von dem Besuch des Gottesdienstes sollen mich nur solche Gründe abhalten, die ich vor meinem Herrn und Meister verantworten kann." Diese Verbundenheit mit Jesus hat mein Leben geprägt. So ist es mir mein Leben lang wichtig, in seiner Gegenwart zu leben.

*Konsequenz 4*
Wer die großartigen Naturwunder in dieser Welt sieht und dahinter die ewige Kraft und Gottheit des Schöpfers erkennt, der weiß: Wunder sind für Gott kein Problem. Sie entsprechen seiner universalen Weisheit und Macht. Eigentlich erscheinen sie nur uns Erdenbürgern als Wunder. Denn seine Größe, Kraft und Weisheit kommen aus „seiner Welt" und gehen – logischerweise – weit über unsere Welt hinaus. Das ganze Universum, ja, die Ewigkeit, ist seine Welt! Unbegrenzt sind seine Möglichkeiten! Deshalb singe ich gern:

„Keiner wird zuschanden, welcher Gottes harrt;
sollt ich sein der Erste, der zuschanden ward?
Nein, das ist unmöglich, du getreuer Hort!
Eher fällt der Himmel, eh mich täuscht dein Wort.

Du hast zugesaget: Wer da bittet, nimmt;
wer da sucht, soll finden, was ihm Gott bestimmt.

Wer im festen Glauben mutig klopfet an,
dem wird ohne Zweifel endlich aufgetan.

Nun, so will ich's wagen, Herr, auf dein Gebot,
alle meine Sorgen, eig'n und fremde Not,
all mein heimlich Grämen, alles, was mich quält,
dir ans Herz zu legen, der die Tränen zählt.

Du bist mein Erbarmer und mein bester Freund,
meines Lebens Sonne, die mir lacht und scheint
auch in finstern Nächten und durchs Todestal
mir hinüberleuchtet zu des Lammes Mahl."[8]

## Und die Geschichte?

Als ganz unmöglich empfand ich schon immer den „Dialektischen Materialismus" von Marx und Engels, von Lenin und Stalin. Alle Studenten in der DDR mussten ihn „studieren". Er behauptete: Die Materie ist ewig. Sie war schon immer da, und aus ihr heraus entwickelte sich als „Überbau" die geistige Welt. In der Spätzeit des Sozialismus jedoch wurde es immer stiller um diese „Philosophie". Denn auch in der DDR erarbeitete man erst den Plan, also den „Überbau" und gestaltete danach die Materie, Häuser und Städte. Immer geht der geistige „Überbau" der Gestaltung der Materie voraus. Doch wurde beim „Historischen und Dialektischen Materialismus" marxistischer Prägung sonnenklar, dass man mit dieser „Philosophie" Gott heraushalten wollte aus dem Denken der Menschen.

Aber auch die Weltgeschichte deutet auf Gott hin. Schon Friedrich Schiller schrieb: „Die Weltgeschichte ist das Weltgericht."[9]

Das hat Europa sich selbst bewiesen: In exakt 200 Jahren, von 1789 bis 1989, wurde Europa durch *drei Revolutionen* erschüttert: eine *französische*, eine *deutsche* und eine *russische*. Alle drei proklamierten großartige Zukunftsvisionen:

- *Freiheit, Gleichheit, Brüderlichkeit* propagierte die französische,
- das *Tausendjährige Reich* die deutsche und
- das *Paradies des Kommunismus* die russische.

Christentum und Gewissensgehorsam galten für alle diese Ideologien als Störfaktoren. Gott wurde für tot erklärt, Religion sah man als Hindernis für den Fortschritt an. In *Frankreich* verbot man die Kirche und baute der Göttin Vernunft einen Tempel. *Hitler* wollte unser Volk zu den nordischen Kriegsgöttern zurückführen: „Gewissen ist Ballast" lehrte er die SS und die Jugend. Das aber machte Viele zu „Bestien in Menschengestalt". Und im *Sozialismus* sollten wir singen: „Uns rettet kein höheres Wesen, kein Gott, kein Kaiser noch Tribun, von unserm Elend uns erlösen, das können wir nur selber tun …"[10]

Und was brachten uns diese drei atheistischen Ideologien? Unfreiheit, Diktatur und gewissenlose Verräter, Denunzianten und Mörder. Alle drei Revolutionen hinterließen ein Meer von Blut und Tränen und viele gescheiterte Menschen. Die Aussage „Wenn Gott nicht wäre, müsste man ihn erfinden" wird dem französische Philosophen Voltaire zuschrieben und sollte heißen: Ohne Gott verliert der Mensch seine Würde und das Wissen um seine

Verantwortung, also sein Hören auf das jedem Menschen mitgegebene Gewissen!

Der tiefsinnige russische Schriftsteller Dostojewski (1821–1881) schrieb: „Wenn es keinen Gott gibt, dann ist alles erlaubt“[11], und auch folgende Aussage wird ihm zugeschrieben: „Eine Welt ohne Gott endet immer im Chaos.“

Die großen Ideologen und Verführer in Europa wussten genau: Wenn der Mensch Gott den Rücken kehrt, wird er manipulierbar und verführbar. Deshalb waren sie bemüht, die Menschen von Gott fernzuhalten. Deshalb hat keine atheistische Revolution jemals eine veredelnde Kultur und ein glückliches Volk hervorgebracht.

Als Gott unserem Volk *1945 die Gnade eines Neuanfangs* schenkte, waren unsere Väter und Mütter überzeugt, dass genau das (nämlich Gott den Rücken zuzudrehen) die Hauptursache unserer moralischen und politischen Katastrophe war. Die Kirchen waren damals voll. Heute leisten wir uns wieder leere Kirchen.

Denkt nach, Leute! Führt euer Leben – und macht eure Politik – in der Verantwortung vor Gott, und seid gerade darin Vorbilder für eure Kinder! Das gäbe unserem Land ein gutes Profil. Von innen her, von Gott her kommen ethisch-moralische Stabilität und Verantwortung für ein friedliches Miteinander in ein Volk hinein.

Ich blicke jetzt zurück auf neun Jahrzehnte deutscher und weltweiter Geschichte. Ich habe den schrecklichen Zusammenbruch der Ideologie des Nationalsozialismus erlebt. Und dann später auch das überraschende Verschwinden des Eisernen Vorhangs und der gewaltigen Militärmacht des Ostblocks. Friedliche Menschen, zum Gebet versammelt mit Kerzen in der Hand, gebrauchte Gott, um seine

Friedenspolitik zu machen. Deshalb sage ich mit Überzeugung: *An Gottes Segen ist alles gelegen!* Wie sagte der sozialistische Parteisekretär in unserem Dorf? „Ohne Gott und Sonnenschein bringen wir die Ernte ein." Ein Bauer erwiderte: „Ohne Sonnenschein und Gott geht die ganze Welt bankrott." Ich aber möchte mit Christian Fürchtegott Gellert bekennen:

„Erheb ihn ewig, o mein Geist,
erhebe seinen Namen:
Gott unser Vater sei gepreist,
und alle Welt sag Amen,
und alle Welt fürcht' ihren Herrn
und hoff auf ihn und dien ihm gern!
Wer wollte Gott nicht dienen?"

Es ist gefährlich, wenn sich das Geschöpf gegen den Schöpfer, der Mensch gegen seinen Gott wendet. Denn Gott selbst hat es „den Menschen bestimmt, einmal zu sterben, danach aber das Gericht" (Hebr 9,27). Deshalb ist es tröstlich und ein großes Glück, im Frieden mit Gott zu leben.

Ich liebe Geschichten von Menschen, die zu Gott zurückgefunden haben, wie z. B. Heinrich Heine. Unseren Kindern wurden in der sozialistischen Schule nur die gottlosen Zeiten seines Lebens nahegebracht, die Zeiten, in denen er dreist und selbstsicher war, in denen er über Gott spottete. Sie mussten das Gedicht von den Schlesischen Webern lernen, worin es heißt: „Fluch dem Gott, zu dem wir gebetet." Aber seine demütige Hinwendung zu Gott hat die sozialistische Schule und die DDR-Ausgabe seiner Werke verschwiegen. Damit wurde unsere Jugend getäuscht.

Heine schreibt im Nachwort zum „Romancero“ von seiner Umkehr:

> „Seit ich selbst der Barmherzigkeit Gottes bedürftig bin, habe ich allen meinen Feinden Amnestie erteilt ... Gedichte, die nur halbwegs Anzüglichkeiten gegen den lieben Gott enthielten, habe ich mit ängstlichem Eifer den Flammen überliefert; es ist besser, dass die Verse brennen als der Versifex (Versemacher) ... Ja, ich bin zurückgekehrt zu Gott wie der verlorene Sohn, nachdem ich lange bei den Hegelianern die Schweine gehütet ... Das himmlische Heimweh überfiel mich ... Die Unsterblichkeit der Seele, deren Fortdauer nach dem Tode, wird uns alsdann gleichsam mit in den Kauf gegeben.“[12]

Wohl dem, der zurückkehrt zu Gott wie Heinrich Heine! Er hatte Frieden mit Gott und eine lebendige Hoffnung, die auch bleibt, wenn der Tod anklopft.

So schaue ich die Welt an und mein Leben, das ich leben darf in dankbarer Beziehung zu Gott. Er ist Schöpfer und Erhalter meines Lebens.

Und deshalb singe ich:

> „Du großer Gott, wenn ich die Welt betrachte,
> die du geschaffen durch dein Allmachtswort;
> wenn ich auf alle jene Wesen achte,
> die du regierst und nährest fort und fort,
> dann jauchzt mein Herz dir, großer Herrscher, zu,
> wie groß bist du, wie groß bist du!“[13]

In uns allen tief angelegt ist ein Ahnen oder Restwissen, dass wir geschaffen sind als Ebenbild Gottes, von Gott her – zu ihm hin. Gott redet zu uns durch seine wunderbare Schöpfung.

Das sagte nicht erst Paulus im Römerbrief, sondern schon David in Psalm 19,1-6:

„Die Himmel erzählen die Ehre Gottes und die Feste verkündigt seiner Hände Werk. Ein Tag sagt's dem andern und eine Nacht tut's kund der anderen, ohne Sprache und ohne Worte; unüberhörbar ist ihre Stimme. Ihr Schall geht aus in alle Lande und ihr Reden bis an die Enden der Welt. Er hat der Sonne ein Zelt am Himmel gemacht; sie geht hinaus wie ein Bräutigam aus seiner Kammer und freut sich wie ein Held, zu laufen ihre Bahn."

Eindrücklich hat der Dichter Christian Fürchtegott Gellert diese Schau auf die Welt Gottes zusammengefasst in dem Gedicht „Die Ehre Gottes aus der Natur":

„Die Himmel rühmen des Ewigen Ehre
ihr Schall pflanzt seinen Namen fort
Ihn rühmt der Erdkreis, ihn preisen die Meere
vernimm, o Mensch, ihr göttlich Wort.

Wer trägt der Himmel unzählbare Sterne?
Wer führt die Sonn aus ihrem Zelt?
Sie kommt und leuchtet und lacht uns von ferne,
Und läuft den Weg, gleich wie ein Held.

Vernimm's, und siehe die Wunder der Werke,
die die Natur dir aufgestellt!
Verkündigt Weisheit und Ordnung und Stärke
dir nicht den Herrn, den Herrn der Welt?

Kannst du der Wesen unzählbare Heere,
den kleinsten Staub fühllos beschaun?
Durch wen ist alles? O gib ihm die Ehre!
Mir, ruft der Herr, sollst du vertraun.

Mein ist die Kraft, mein ist Himmel und Erde;
an meinen Werken kennst du mich.
Ich bin's, und werde sein, der ich sein werde,
dein Gott und Vater ewiglich.

Ich bin dein Schöpfer, bin Weisheit und Güte,
ein Gott der Ordnung und dein Heil;
ich bin's! Mich liebe von ganzem Gemüte
und nimm an meiner Gnade teil."[14]

Und geradezu genial hat Ludwig van Beethoven daraus einen machtvollen Choral komponiert: Im Internet kann man verschiedene Varianten anhören.

So sehe ich die Welt mit dankbarem Staunen und erkenne dahinter den großen Schöpfer, meinen himmlischen Vater! Was hatten wir in Europa einmal für eine geistvolle Kultur!

Kapitel
3

# Gott spricht zu uns durch Jesus

Doch Gott will mehr. Als die Zeit erfüllt war, kam Gott uns noch viel persönlicher nahe. Er sandte uns seinen Sohn. Und Jesus bleibt uns als unser Retter und Helfer ganz nahe durch den Heiligen Geist. In den Berichten der Evangelien lesen wir, wie Jesus seine Jünger lehrte. Er starb für uns, um uns zu Gott zurückzuführen. Und Jesus ruft auch uns heute in seine Jüngerschaft – wie damals seine Apostel. Welch eine neue Wirklichkeit hat sich in Jesus für uns aufgetan! Er sagt im Johannesevangelium: „Wer mein Wort hört und glaubt dem, der mich gesandt hat, der hat das ewige Leben und kommt nicht in das Gericht, sondern er ist vom Tode zum Leben hindurchgedrungen" (5,24).

Deshalb müssen wir jetzt von Jesus reden, denn:

## Jesus schenkt uns Vergebung aller Schuld – und gibt uns damit Heimat bei Gott

In der Zeit, als Honeckers bei uns waren, kamen auch zwei Leute eines christlichen Radiosenders aus Amerika und baten um ein Interview. Am Ende stellten sie mir zwei Fragen:

> „‚Was ist die größte Not in der Welt?' Meine Antwort: ‚Die Sünde.' Sie fragten weiter: ‚Wieso?' Ich: ‚Sie trennt

von Gott. Sünde und Sünder können die heilige Nähe Gottes nicht ertragen.' Sie fragten nach: ‚Und was ist das größte Glück auf dieser Welt?' Meine Antwort: ‚Die Vergebung der Sünde durch die Versöhnung, die Jesus am Kreuz für uns Menschen geschaffen hat. Sie allein gibt uns ewiges Leben bei Gott!'"

Erst da merkte ich: Die Fragen waren ein Test. Ich hatte offenbar vor ihnen „bestanden". So luden sie meine Frau und mich nach Amerika ein. Hätte ich geantwortet, die größte Not auf der Welt sei Armut oder Geldgier und Korruption oder Krankheit oder Tod, wären sie von mir enttäuscht gewesen. Denn die Bibel sagt: Die größte Not dieser Welt liegt in uns Menschen, in unserer Trennung von Gott, in unserer Sünde. Dadurch sind wir „draußen", nicht mehr im Paradies, nicht mehr in der Nähe Gottes, nicht mehr dort, wofür wir bestimmt sind und wonach wir eine tiefe Sehnsucht haben. Alle Nöte der Welt haben ihre Ursache letztlich in der Sünde von uns Menschen, angefangen bei Adam und Eva und bei Kain, bis hin zu den Tyrannen und gewissenlosen Menschen aller Zeiten.

Die Fragen der beiden Reporter zeigten ihr biblisches Denken.

Hier wird wieder deutlich, wie wichtig die Bibel für uns ist, besonders auch die ersten Kapitel. Denn dort wird geschildert, wie Adam und Eva sich gegen Gott auflehnten und nun aus dem Paradies, aus der Gegenwart Gottes verbannt wurden. Dabei wird klar: Das Hauptproblem der Menschheit ist, dass wir draußen sind, verbannt aus der Nähe unseres Schöpfers. Und die Hauptfrage für jeden Menschen ist: Wie kann ich zurückfinden zu Gott?

Und wenn ich jetzt auf die Geschichte vom „Sündenfall“ zu sprechen komme, so sollten wir bedenken, dass sie für Menschen aller Generationen geschrieben ist, so schlicht, dass es schon die Menschen vor 3000 Jahren verstehen konnten, aber auch so weise, dass wir Heutigen es nicht besser wissen. Auch wir haben nur unseren irdischen Horizont, der klitzeklein ist im Blick auf Gott und sein Universum. Die Verhältnisse vorher im Paradies, als Adam und Eva noch nahe bei Gott waren, kennen wir nicht. So müssen auch wir sie uns durch Gottes Wort erklären lassen. Auch „unser Wissen und Verstand ist mit Finsternis umhüllet“, wie es in dem Lied „Morgenglanz der Ewigkeit“ heißt. Deshalb gilt auch hier: Die biblische Darstellung in 1. Mose 1–3 ist die Erklärung Gottes für die menschlichen Urverhältnisse auf dieser Erde. Sie klingt kindlich einfach und ist doch göttlich. Sie gibt uns das wichtige Grundwissen über Weltall, Erde und Mensch. Helmut Thielicke, ein in der Nachkriegszeit bekannter bibeltreuer Theologieprofessor, schreibt: „Ich möchte mich nicht gern in der Gesellschaft von Theologen sehen, die keinen Sinn für Schöpfung haben oder für die der Sündenfall keine Realität ist.“[15]

## Nun also die ersten Kapitel der Bibel

*1. Mose 1:* Wir sind geschaffen zum Ebenbild Gottes, also auf Gott hin. Wir sind bipolar geschaffen als Mann und Frau. Gott lässt nicht nur zu, dass wir einander lieben, sondern er will das! Er will jedoch zur Liebe auch die Treue in der Ehe! Unsere Sexualität ist von Gott gewollt und gibt uns Anteil an seinem wunderbaren Schaffen.

*1. Mose 2:* Solange Adam allein war, fehlte ihm Wichtiges. Gott schuf ihm die Frau zu seiner Ergänzung. Auch will Gott, dass Eheleute sich von ihrer Ursprungsfamilie lösen und selbständig werden, um eine neue, feste Einheit, eine Familie zu bilden (V. 24). Wohl den Menschen, die sich nach diesen Lebenslinien Gottes richten! Selbst dass Eva aus der Rippe des Mannes gebildet wurde (V. 21-23), können wir heute leichter verstehen, seitdem wir Menschen in der Lage sind, sogar selbst Lebewesen zu klonen.

Im *3. Kapitel* werden Adam und Eva im Paradies geschildert. Gott hatte gesagt: Ihr habt volle Freiheit, zu leben und alles zu genießen und zu pflegen. Nur vom Baum in der Mitte des Gartens dürft ihr nicht essen: „Wenn ihr davon esst, werdet ihr des Todes sterben“ (nach 2,17).

Und dann wird geschildert, wie sich Adam und Eva vom Teufel (in der Gestalt einer Schlange) dazu verführen ließen, von der verbotenen Frucht zu essen. Damit nahmen sie teil an seinem Ungehorsam, ja, an der Rebellion gegen Gott. Wie aktuell ist das! In jeder Sünde liegen auch heute Ungehorsam und Auflehnung gegen Gott und sein Gebot.

So wird im gleichen Kapitel berichtet, dass Adam und Eva nun aus dem Paradies, aus Gottes Nähe vertrieben wurden auf die Erde. Die aber hat Gott so verändert („verflucht“), dass das Leben auf ihr mit Schmerzen, Mühen und Plagen, ja, mit Krankheit und Tod belastet ist. Hier auf der Erde müssen wir nun erleben, dass kein Mensch ohne Gott wirklich glücklich werden kann. Wir sind zu Gott hin geschaffen, bestimmt, sein Ebenbild zu sein. Das Leben in der Gottesferne bietet kein bleibendes Glück.

Aber dann gibt Gott uns in der dunkelsten Stunde der Menschheit, der Vertreibung aus dem Paradies (1Mo 3,15), einen Lichtblick: Es wird einmal ein „Samen" kommen, also ein Mensch, der der widergöttlichen Macht des Bösen, der Schlange, den Kopf zertreten wird, den sie aber dabei in die Ferse stechen und töten wird. Diese Weissagung hat sich später durch Jesus erfüllt. Auf keinen anderen Menschen lässt sich diese Weissagung deuten. So früh hatte Gott schon das Kreuz Jesu und unsere Erlösung von Sünde, Tod und Teufel im Blick.

Damit wird die Sünde als Trennung von Gott und ihre Überwindung durch Jesus zum Hauptthema der ganzen Gottes- und Menschheitsgeschichte. Immer deutlicher wird in der Geschichte Gottes mit den Menschen, dass Gottes Rettungsplan schon von Anbeginn der Welt auf Jesus, den Gottes- und Menschensohn, zielt. So zeigt die Weltgeschichte die Verderbensmacht der Sünde und ihre Überwindung durch Jesus. Alle Sünde trennt von Gott. Jesus aber ermöglicht Versöhnung und Vergebung und führt zu Gott zurück, zurück in die ungetrübte, dankbare und frohe Gemeinschaft mit unserem Schöpfer. Beides haben wir in der Bibel und in der Menschheitsgeschichte deutlich vor Augen.

Dr. Werner de Boor, ein bekannter Evangelist und Bibellehrer aus Schwerin, sagte uns gelegentlich: „Die Menschen dieser Welt suchen weithin Reichtum, Gesundheit, Ehre und Vergnügen. Christen aber haben Jesus – das genügt!"

Wirklich? Ja, als Gott uns schuf, hat er uns geschaffen, um sein Ebenbild zu sein. Wir sind nicht für diese vergängliche Erde bestimmt, sondern für Gott und seine Welt. Und Jesus ist „der Weg" dorthin. Das ist aber nun die Frage, vor der die Menschen aller Generationen stehen: Was will ich, was suche ich?

Die Juden zur Zeit Jesu wollten einen mächtigen König und ein starkes jüdisches Königreich. Das erwarteten sie auch von Jesus. Als er das nicht erfüllte, sondern zeigte, dass er anderes im Blick hatte, verwarfen sie ihn. Der Römer Pilatus winkte ab, als Jesus ihm sagte: „Ich bin ein König. Ich bin dazu geboren und in die Welt gekommen, dass ich die Wahrheit bezeugen soll." „Was ist Wahrheit?", fragte Pilatus verächtlich zurück (Joh 18,37f.).

Das gilt auch für uns heute: Wer nur irdische Werte sucht, bekommt auch nur diese – und nimmt in Kauf, dass der Teufel, der Vater der Lüge, den Weltlauf bestimmt. Der Atheist bleibt dieser Welt verhaftet und hat keinen Teil an Gott. Wer sich aber zu Jesus hinkehrt, wer ihm die Herrschaft über sein Leben einräumt, wird ein Kind Gottes und bekommt bleibende Werte. Wie Wahrheit das Grundelement der Welt Gottes ist, so darf auch er wahrhaftig werden, indem er Gott seine Sünden bekennt, aller Lüge absagt und sich an der Wahrheit orientiert. Das ist ein Prozess, der Frieden im Gewissen bringt und eine lebendige Hoffnung sowie eine stille Freude. „Wer aus der Wahrheit ist, der hört meine Stimme", sagt Jesus (Joh 18,37). Und: „Die Wahrheit wird euch frei machen", frei für Gott in Ewigkeit (Joh 8,32).

So spannt sich Gottes Menschheitsplan vom Anfang bis zum Ende durch die ganze Weltgeschichte hindurch. Und Jesus, der Sohn Gottes und zugleich der Sohn der Maria, steht von Anfang an im Zentrum des Weltenplanes Gottes – und zwar als Überwinder unserer Sünde, unserer Trennung von Gott!

Seit *1. Mose 3,15* zieht sich durch das ganze Alte Testament wie ein roter Faden die Frage: Wann kommt er, und wer ist es, der uns als Retter angekündigt ist? Etliche Prophetenworte weisen auf ihn hin. An einer Stelle des Alten Testaments wird schon Jahrhunderte vor Jesus unübersehbar deutlich auf ihn als „Knecht Gottes“ hingewiesen, der uns die Rückkehr zu Gott möglich macht. Beim Propheten Jesaja heißt es im 53. Kapitel:

> „Er war der Allerverachtetste und Unwerteste, voller Schmerzen und Krankheit. Er war so verachtet, dass man das Angesicht vor ihm verbarg; darum haben wir ihn für nichts geachtet. Fürwahr, er trug unsere Krankheit und lud auf sich unsere Schmerzen. Wir aber hielten ihn für den, der geplagt und von Gott geschlagen und gemartert wäre. Aber er ist um unserer Missetat willen verwundet und um unserer Sünde willen zerschlagen. Die Strafe liegt auf ihm, auf dass wir Frieden hätten, und durch seine Wunden sind wir geheilt. Wir gingen alle in die Irre wie Schafe, ein jeder sah auf seinen Weg. Aber der Herr warf unser aller Sünde auf ihn.“ (V. 3-6)

Welch ein Wechsel: Er war so verachtet, dass die Menschen ihr Angesicht vor ihm verbargen. Aber dann heißt es von derselben Person:

> „Fürwahr, er trug *unsere* Krankheit und lud auf sich *unsere* Schmerzen … Er ist um *unserer* Missetat willen verwundet und um unserer Sünde willen zerschlagen. *Die Strafe liegt auf ihm, auf dass wir Frieden hätten.*“ (V. 4-5)

Genau das ist doch durch Jesus geschehen, als er für uns am Kreuz starb. Oder weißt du von irgendeinem anderen Menschen, auf den diese Weissagung sonst noch zutreffen könnte?

Jesaja 53 weist Jahrhunderte vor ihm so frappierend deutlich auf Jesus hin, dass Juden, die nicht an Jesus glauben wollten, dieses Kapitel gar nicht lesen mochten.

Durch Wissenschaftler wurde bestätigt, dass dieses Kapitel von Anfang an zum Buch Jesaja dazugehörte, schon Jahrhunderte bevor Jesus auf die Erde kam: Als 1947 in Qumran alte Bibelteile gefunden wurden, darunter auch eine komplette Jesaja-Rolle, waren Fachleute gespannt, ob das Kapitel 53 schon vor Jesu Erdenzeit in der Jesaja-Rolle enthalten war. Und tatsächlich, diese Rolle war ungefähr 200 Jahre vor Christus abgeschrieben worden. Und sie enthielt schon damals das ganze Kapitel 53! Also eine von der Wissenschaft bestätigte, echte Voraussage Gottes! Offenbar war es Gott wichtig, dass Menschen vor und nach Jesus von dem leidenden Gottesknecht wissen, der unser aller Sünde weggetragen und gesühnt hat.

Und noch einmal hat ein Prophet vorausschauend auf den Opfertod von Jesus hingewiesen: *Johannes der Täufer* zeigte schon zu Beginn der Wirksamkeit Jesu, drei Jahre vor seiner Kreuzigung, auf Jesus hin und rief aus: „Siehe, das ist Gottes Lamm, das der Welt Sünde trägt“ (Joh 1,29).

Nun wissen wir auch, warum in Israel heute keine Tiere mehr geopfert werden sollen und können. Der Tempelplatz für das Tieropfer ist unter muslimischer Hoheit. Tiere waren nur (Vor-)schatten für das eigentliche Opferlamm, das aller Welt Sünde trägt, für Jesus, unseren gekreuzigten und auferstandenen Retter. Da kann ich nur staunend mit Dora Rappard singen:

„Oh du Lamm Gottes, du hast auf Golgatha
herrlich gesieget. Amen, Halleluja!

Du hast erworben Heil für die ganze Welt
und hast aufs völligste gezahlt das Lösegeld.
Du riefst mit lauter Stimm' durch's Todes Nacht:
‚Es ist vollbracht! Es ist vollbracht!'"

Wir sollten uns nicht mit dem Leben auf dieser Welt zufriedengeben, um dann nach dem Tod unserem Richter zu begegnen. Wir sind geschaffen zu einem Leben in Frieden und ewiger Gemeinschaft mit Gott. Die Vergebung, die Jesus am Kreuz erkämpft hat, ist das größte Geschenk für uns, weil sie uns zurückführt in unsere Berufung, Ebenbild Gottes zu sein.

Darum singe ich so gern:

„Ich blicke voll Beugung und Staunen
hinein in das Meer seiner Gnad
und lausche der Botschaft des Friedens,
die er mir verkündiget hat.

Sein Kreuz bedeckt meine Schuld,
sein Blut macht hell mich und rein.
Mein Wille gehört meinem Gott;
ich traue auf Jesus allein

Wie lang hab ich mühvoll gerungen,
geseufzt unter Sünde und Schmerz!
Doch als ich mich ihm überlassen,
da strömte sein Fried in mein Herz."[16]

So gilt einerseits: Jesus vergibt uns Sünde und Schuld. Andererseits aber gilt auch:

Das reinigt unser Herz von Groll, Bitterkeit und Hass und macht uns frei für unsere Mitmenschen.

Nach dem Mauerfall 1989 waren wir in Hochstimmung. Nun konnten wir wieder als ganze Familie zusammenkommen. Nun gehörten wir als Ostdeutsche wieder dazu.

Zwischen Weihnachten 1989 und Neujahr 1990 erreichte uns in Lobetal die Anfrage, ob wir bereit seien, Erich Honecker und seine Frau in einem unserer Heime aufzunehmen. Die Waldsiedlung Wandlitz, in der die ehemals Mächtigen ihre Wohnhäuser unter dem Schutz des Militärs hatten, sollte zum 1. Februar 1990 aufgelöst werden. Auch Honeckers wurde eine normal zugängliche Wohnung in Berlin angeboten. Doch ihre Berater und sie selbst fürchteten um ihre Sicherheit. Die neue Regierung wollte nicht wieder Soldaten zum Schutz einsetzen. So wussten Honeckers nicht, wo sie eine einigermaßen sichere Bleibe finden könnten. In ihrer Verlegenheit fragten sie bei der Kirche an, ob sie eine Möglichkeit der Unterbringung hätte. Aber auch die Kirchenleitung war in Verlegenheit. Sie hatte ja auch nur kleine Altenheime, die in der Zeit von wütenden Gruppen gestürmt werden konnten (eine damals sehr reale Gefahr). Doch es gab ein Dorf, Lobetal, in dem alle Heime und Häuser der Diakonie/Kirche gehörten. Vielleicht waren sie inmitten dieser Heime doch ein wenig geschützt. So wurden wir Lobetaler gefragt, ob wir bereit wären, Honeckers Asyl zu bieten.

Da saßen wir nun mit unserem achtköpfigen Leitungsgremium beisammen und berieten. Zunächst hieß es: Das geht nicht! Wir haben viele psychisch schwache Menschen in unseren Heimen, Epilepsiekranke, geistig Behinderte, pflegebedürftige alte Menschen. Es könnten sich Gruppen zusammenrotten und lärmend durch unsere Dorfstraße ziehen. Das können wir unseren Heimbewohnern nicht zumuten. Und hatten diese ehemals Mächtigen uns alle nicht jahrzehntelang drangsaliert?

Aber dann erhob sich die Frage: Was machen wir eigentlich an jedem Sonntag in unserer voll besetzen Kirche? Wir beten in jedem Gottesdienst: „Vergib uns unsere Schuld, wie wir vergeben unseren Schuldigern."

Hatte Jesus nicht ausdrücklich gesagt: „Ihr sollt vergeben"? Und: „Wenn ihr nicht vergebt, wird euch mein himmlischer Vater auch nicht vergeben" (Mt 6,15)? An kaum einer anderen Stelle ist Jesus so kompromisslos. Und Pastor von Bodelschwingh, der Lobetal für Berliner Obdachlose gegründet hatte, hatte seine Diakone ausdrücklich ermahnt: „Dass ihr mir keinen abweist." Nun waren Honeckers auch „Berliner Obdachlose" ...

Nach drei Stunden Beratung waren wir uns einig: Wir müssen die Herausforderung annehmen und vielleicht auch ein Zeichen setzen. So kamen sie am 30. Januar 1990 zu uns nach Lobetal. Da in den Heimen kein Platz war, machten wir im Pfarrhaus zwei Zimmer und ein Bad frei und nahmen sie auf. Wir informierten alle Heimleiter und baten sie, ihre Mitarbeiter ebenso zu informieren und um die Bereitschaft zu bitten, dass sie sich hinter den Beschluss der Leitung stellten. Es war eine große Ermutigung für uns als Leitung, dass die Mitarbeiter deutlich spürbar hinter diesem Leitungsbeschluss standen. Denn tatsächlich: Viele Leute konnten nicht verstehen, dass jetzt der oberste Atheist bei einem Pastor wohnte.

Schon als wir Honeckers nach dem Abendbrot ihr Zimmer zeigen wollten, wurde ich ans Telefon gerufen. Es meldete sich ein Kirchengemeinderat aus Thüringen. Er sagte: „Wir hören eben im Radio, dass Honeckers bei Ihnen Unterkunft gefunden haben. Das ist ein Skandal. Der Mann, der uns die Karriere verdorben hat, findet jetzt Schutz bei der Kirche." Ich entgegnete: „Wir haben es uns auch nicht leicht gemacht. Lange haben wir überlegt. Wir kamen aber zu dem Schluss, dass Vergebung das Zentralthema des Evangeliums ist. Jesus hat uns geboten zu vergeben. Er hat sogar gesagt: ‚Wenn ihr den Menschen nicht vergebt, wird euch euer Vater eure Verfehlungen auch nicht vergeben.' Wir sind überzeugt: Wenn wir den neuen Weg, der jetzt vor uns liegt, mit altem Hass und Verachtung beginnen, kann es kein guter Weg werden. Vergebung ist das Zentrum unseres Glaubens. Wir leben von Gottes Vergebung, jeder für sich persönlich. So sind auch wir gefordert zu vergeben." Der Anrufer antwortete: „Nun gut, wenn Sie sich das gut überlegt haben, dann soll es so sei sein."

Wir haben in den zehn Wochen, in denen sie bei uns waren, fast 3000 Briefe bekommen. Zunächst überwogen die Ablehnungen und Beschimpfungen. Später überwogen die Zustimmungen. Eine Frau schrieb uns noch zehn Jahre später: „Ich habe Ihnen damals die Freundschaft gekündigt, wollte nicht mehr zum Freundeskreis gehören. Heute bitte ich Sie unter Tränen: Verzeihen Sie mir. Es war doch richtig, was Sie taten."

Ich wurde in den Wochen öfter mal gefragt: „Wie konnten Sie so schnell vergeben?" Meine Antwort: „Wer täglich selbst aus Gottes Vergebung lebt, der kann auch vergeben."

Die Vergebung, die Jesus uns gebracht hat, ist das größte Geschenk, das Gott uns macht. Sünde trennt von Gott. Jesus starb am Kreuz, um unsere Sünde zu sühnen. Vergebung nimmt weg, was uns von Gott trennt. Vergebung versöhnt und verbindet auch uns Menschen untereinander.

Und: Vergebung entlastet auch die eigene Seele von Schuld, Streit und Bitterkeit.

Nach einer Talksendung im Fernsehen kam ein Mann mit wütendem Gesicht zu mir: „Sie haben kein Recht, dem Honecker zu vergeben. Sie haben ja nichts durchgemacht. Aber ich, ich war fünf Jahre in Bautzen (dem Haupt-Stasi-Gefängnis der DDR). Was ich da erlebt habe, können Sie sich überhaupt nicht vorstellen. Sie haben kein Recht, dem Honecker zu vergeben." Meine Antwort: „Ich habe Honecker auch nicht vergeben, was er Ihnen angetan hat. Ich habe ihm nur vergeben, was er mir angetan hat: Alle meine Kinder kamen trotz guter und bester Leistungen nicht auf die Oberschule. Ich bin oft in meinem Dienst gehindert, bin auch mit Gefängnis bedroht worden. Ich habe Honecker aber nicht vergeben, was er Ihnen angetan hat, sondern nur, was er mir angetan hat. Was Honecker Ihnen angetan hat, müssen Sie ihm selbst vergeben. Und wenn Sie Honecker nicht vergeben, frisst die Bitterkeit Ihres Herzens Sie auf." Der Mann überlegte eine Weile und antwortete: „Sie haben recht, ich muss vergeben, und ich will vergeben." Uns war klar: Vergebung ist der einzige Weg, damit dieser Mann selbst von seiner Bitterkeit und seinen schlaflosen Nächten frei werden kann.

Ich weiß von keinem Therapeuten, der einen von Bitterkeit innerlich zerrissenen Menschen so freimachen kann wie Jesus, der jedem vergibt, der ihn bittet. Er hilft auch, wenn das Vergeben schwer wird. Jesu Vergebung schafft Frieden mit Gott und eine lebendige Hoffnung über den Tod hinaus. Das heilt auch zerrissene Bande unter Verwandten und Freunden, sogar unter Feinden. So ist Vergebung tatsächlich das größte Geschenk Gottes an uns.

## Jesus ist der Friedefürst für alle Völker

In Jesaja 9 wird ein Kind geschildert, auf dem die Herrschaft über das Reich Gottes ruht:

> „Uns ist ein Kind geboren, ein Sohn ist uns gegeben, und die Herrschaft ruht auf seiner Schulter; und er heißt Wunder-Rat, Gott-Held, Ewig-Vater, Friede-Fürst; auf dass seine Herrschaft groß werde und des Friedens kein Ende auf dem Thron Davids und in seinem Königreich, dass er's stärke und stütze durch Recht und Gerechtigkeit von nun an bis in Ewigkeit."

Ja, so ist Gott! Er herrscht nicht durch Weltmächte, sondern durch ein Kind – durch sein Kind, seinen Sohn!

### *Gottes Friedefürst überwindet alte Feindschaften*

In den 1930er-Jahren zur Zeit der Naziherrschaft hielt der Evangelist Paul Le Seur in einer deutschen Stadt Evangelisations-Vorträge. Öffentliche Plakate luden dazu ein. Die NS-Propaganda veröffentlichte einen Aufruf: „Geht nicht zu dem Mann mit dem ‚erzfeindlichen Namen.'" Le Seur ist ein französischer Name, von den Hugenotten herkommend. Frankreich war damals ein „Erzfeind" für Deutschland. Die Franzosen redeten ähnlich verächtlich und feindlich von uns Deutschen.

Nun war es ein Glück, dass nach dem Zweiten Weltkrieg bewusst gläubige christliche Politiker in Europa in die Regierungen kamen: Robert Schumann in Frankreich, Alcide de Gasperie in Italien und Konrad Adenauer in Deutschland. Alle drei waren überzeugt, dass es ein großes Unglück und Unrecht war, dass diese drei für das „christliche Abendland" so wichtigen Länder in Verachtung, Hass und Krieg gegeneinandergestanden hatten. So verhandelten sie nun und schlossen Friedenspakte miteinander. Ihre Motivation: Christus ist der Friedefürst, Christus will Frieden schaffen. Heute nehmen mehrere meiner Enkel am Schüleraustausch mit französischen Schülern teil, haben Freunde dort und sprechen gern Französisch. Und ich bin froh, ganz friedlich und willkommen im ehemals „erzfeindlichen" Frankreich einfach mit meinem deutschen Ausweis oder Pass einreisen zu dürfen. Unser Friedefürst will Frieden unter allen Völkern und verbietet seinen Nachfolgern in aller Entschiedenheit Verachtung und Hass.

Zu meinem großen Schmerz meinten später die Gründer der EU, ihre Arbeit ohne den Bezug auf unser christliches Erbe tun zu können. Sie wollen dies also tun ohne Gottes Friedefürsten. So gibt es keinen Gottesbezug in der EU-Verfassung, dafür wurde das heidnische „Freude, schöner Götterfunken" die Hymne der EU. Bis heute verachtet Europa sein christliches Erbe. Für mich ist es kein Wunder, dass die Arbeit der EU trotz guter Fachleute von vielen Misserfolgen und Ratlosigkeit bestimmt ist. Am Brexit und vielem anderen kann man buchstäblich ablesen, wohin eine Politik ohne Gott führt.

### *Mission auf Sumatra – ein großartiges Beispiel*

In den 1960er-Jahren nahm ich an einer Tagung in Ostberlin teil, bei der auch westliche Teilnehmer anwesend waren. Da berichtete ein Theologieprofessor aus Indonesien in fließendem Deutsch von dem deutschen Missionar Ludwig Ingwer Nommensen, der ab 1860 über Jahrzehnte in seinem Stamm der Bataks das Evangelium verkündigt hatte. Unter großen Gefahren und mit dem Einsatz seines Lebens hatte er viele Einheimische zu Jesus geführt. Der braunhäutige Professor von Sumatra sagte: „Was das Evangelium von Jesus in unserem Land bewirkt hat, können Sie vielleicht ermessen, wenn ich Ihnen sage, dass mein Großvater noch Menschen gegessen hat." Als Nommensen zu den Bataks gekommen war, herrschte dort noch der Kannibalismus. Dieser hochgebildete Professor ist ein anschauliches Beispiel dafür, wie der Friedefürst Jesus einen Volksstamm verändert, wenn das Evangelium die Herzen erfüllt. Es entstanden Kirchen und Gebetshäuser, Schulen, Krankenstationen und vieles mehr. Die Universität in der Provinz der Bataks trägt den Namen von Nommensen.

### *Gottes Friedefürst bringt Heil in unsere Familien*

Mein Freund Alfred war Jahrzehnte hindurch stadtbekannt als „Ali", aber auch als hoffnungslos kaputter Alkoholiker. Zu Hause hatte er eine tapfere Frau und schon drei Töchter. Und wieder wurde seine Frau schwanger. Die Familienfürsorge aber entschied: Das Kind kommt gleich nach der Geburt in ein Kinderheim, damit es nicht auch noch verwahrlost. Immer hatte Ali sich einen Sohn gewünscht, und nun sollte es ein Junge werden, und sie würden ihm seinen Jungen wegnehmen! Ali tobte. Ein gläubiger Arzt sagte ihm: „Bete, dass Jesus dir hilft und dir die Kraft gibt, nicht mehr zu trinken. Dann kriegt ihr auch euren Sohn." Ali aber sagte: „Ich finde Jesus nicht, mir fehlt so ein Stück." Und er maß mit den Fingern drei Zentimeter ab. Eines Tages aber sagte der Arzt: „Pack deine Sachen, ich fahre dich dahin, wo du dieses fehlende Stück bekommst." So kam Ali nach Serrahn, damals eine diakonische Wohngemeinschaft zur Entwöhnung von der Alkoholsucht.

Hier erlebte Ali nun Menschen, die durch den Glauben an Jesus die innere Kraft bekommen hatten, keinen Alkohol mehr trinken zu müssen. Ali sagte sich: „Wenn die es geschafft haben, muss ich es auch schaffen." Jeden Abend ging er vor seinem Bett auf die Knie und bat Jesus: „Ich möchte meinen Sohn haben, hilf mir, dass ich vom Alkohol loskomme." Er berichtet: „Nach etlichen Tagen wurde es während meines Abendgebets in mir ganz still und hell, und ich spürte: Das ist Gott." Ihm wurde gewiss: „Ich brauche nicht mehr zu trinken." Und tatsächlich: Von der Stunde an – jetzt schon über 40 Jahre lang – trinkt Ali keinen Tropfen Alkohol mehr. Nach einiger Zeit durfte seine Frau nach Serrahn kommen – jetzt mit ihren vier Kindern. Und dann haben sie das erste Mal nach zehn Jahren Ehe Urlaub gemacht. Ein halbes Jahr später saß das Ehepaar wieder einmal auf ihrer ramponierten Couch. Seine Frau sagte: „Ali, jetzt habe ich dich wieder richtig lieb." Sonntag für Sonntag fuhren sie als Familie, zunächst noch mit Kinderwagen im öffentlichen Bus in die Gottesdienste der landeskirchlichen Gemeinschaft nach Neuruppin.

Ali spürte auch den inneren Auftrag: „Ich muss anderen Alkoholabhängigen sagen, dass es keine hoffnungslosen Fälle gibt." Sie gründeten eine Begegnungsgruppe für Alkoholkranke, durch die etliche ebenfalls frei von der Alkoholsucht wurden. Am 40. Jahrestag seiner Freiheit von der Sucht standen seine vier Kinder auf, nun schon selbst Eltern, und sangen ein Lob- und Danklied zu Gottes Ehre, aber auch, um ihren Eltern Danke zu sagen. Ali selbst ist von einem „Löwen" zu einem „Lamm" geworden. Heute ist er die Freundlichkeit in Person. Welch ein Segen, wenn Menschen dem Friedefürsten die Herrschaft über Herz, Leben und Familie einräumen!

## Jesus, die reine Liebe in unserer lieblosen Welt

Er zwingt keinen Menschen, ihm zu dienen. Jedem gesteht Jesus zu, sein Leben in eigener Entscheidungsfreiheit zu führen. Zugleich aber steht damit jeder Mensch für sich selbst in der Verantwortung, nämlich in der, was er mit seiner Freiheit anfangen will. Das ist Würde und Bürde zugleich. Ich bin nicht Christ, weil ich dazu gezwungen wurde, sondern weil ich gern ein Jünger dieses wunderbaren Friedefürsten sein möchte. Jesus hat nie einen Menschen gegen seinen Willen an sich gebunden. Er hat gesagt: „Wer zu mir kommt, den werde ich nicht hinausstoßen" (Joh 6,37).

Jesus, der Friedefürst, hat geboten, alle Menschen zu lieben. Als Jesus gefragt wurde, welches das höchste Gebot sei, antwortete er: „Du sollst den Herrn, deinen Gott, lieben von ganzem Herzen, von ganzer Seele und von ganzem Gemüt" (Mk 12,30). Und dann fügte er hinzu: „Das andere ist dies: Du sollst deinen Nächsten lieben wie dich selbst." Und als seine Jünger meinten, den Nächsten zu lieben, erlaube aber, den Feind zu hassen, antwortete Jesus: Nein! „Liebt eure Feinde und bittet für die, die euch verfolgen, damit ihr Kinder seid eures Vaters im Himmel" (Mt 5,44f.).

Und als Petrus fragte: „Wie oft muss ich meinem Bruder, der an mir sündigt, vergeben, genügt es siebenmal?“, antwortete Jesus: „Ich sage dir: nicht siebenmal, sondern siebzigmal siebenmal“ (Mt 18,21-22). Welch ein Herr!

Nie hat Jesus einen Menschen getötet! Nie hat er zum Töten aufgefordert! Immer hat er gemahnt, den Frieden zu suchen. Jesus ist die verkörperte Liebe! Welch ein Herr! Ihm zu dienen – welch ein Vorrecht, was für ein tiefes Glück!

Als Napoleon auf die Insel Sankt Helena verbannt war, sagte er zu General Bertram: „Ich kenne die Menschen, und ich sage Ihnen: Jesus Christus ist kein Mensch. Er steht einzig und allein da. Alexander, Cäsar, Karl der Große und ich haben Weltreiche gegründet, worauf? Auf Gewalt. Jesus allein hat sein Reich auf Liebe gegründet, und zu dieser Stunde noch würden Millionen Menschen für Ihn sterben.“[17]

## Jesus, der Gute Hirte

Ihm ist vor allem wichtig, dass wir in den Himmel kommen. Matthäus berichtet uns ein wegweisendes Wort Jesu: „Trachtet zuerst nach dem Reich Gottes und nach seiner Gerechtigkeit, so wird euch das alles, (was ihr zum Leben braucht) zufallen“ (6,33).

Jesus hält es sogar für die Hauptgefahr des Menschen, sich auf dieser Erde zu viel um Geld und Gut, um Reichtum und Wohlstand zu mühen und dabei die ewige Seligkeit bei Gott zu verlieren.

Das macht Jesus deutlich an der Geschichte vom reichen Kornbauern. Dessen ganzes Denken und Trachten war auf irdischen Besitz und ein Leben im Wohlstand ausgerichtet. Doch gerade, als er dachte, nun habe er genug zusammen, sprach Gott über ihn das Urteil: „Du Narr! Diese Nacht wird man deine Seele von dir fordern; und wem wird nun gehören, was du angehäuft hast?“ (Lk 12,20).

Jesus hat sehr einseitig und mit Nachdruck gelehrt, dass wir Menschen unser Leben auf die Ewigkeit hin ausrichten sollen. Seine Hauptsorge ist, dass wir das Ziel unseres Erdenlebens verfehlen und die Ewigkeit aus dem Blick verlieren könnten. Er konnte sagen: „Ich bin der Weg und die Wahrheit und das Leben. Niemand kommt zum Vater als nur durch mich“ (Joh 14,6; ELB). So ist Jesus die Schlüsselperson für die Ewigkeit, für den Himmel.

Er ist „der gute Hirte“ (Joh 10). Er kennt die Gefahren des Lebens, aber auch die „Wasserquellen“ (Joh 4) und das „Brot des Lebens“ (Joh 6). Und er kennt den Weg, ja, er ist der Weg zum Ziel.

Er ruft jeden von uns wie damals die ersten Jünger: „Folge mir nach!“ (Lk 5,27), „werde mein Jünger, werde mein Nachfolger.“

## Und nun bist du dran

Sage ihm in vertrauensvollem Gebet: „Herr Jesus, ich will dir folgen durch Freud und Leid, durch Licht und Dunkelheit bis hin zum ewigen Ziel.“ Bitte ihn um Vergebung deiner Sünden. Nenne sie ihm konkret. Im 1. Johannesbrief heißt es: „Wenn wir unsere Sünden bekennen, ist er treu und gerecht, dass er uns die Sünden vergibt und reinigt uns von aller Ungerechtigkeit“ (1,9). Dann darfst du wissen, du bist ein Jünger Jesu und bist im Frieden mit Gott und hast ein ewiges Heimatrecht bei ihm!

Weißt du auch, was es heißt, ein Jünger, ein Schüler Jesu zu sein? Er sagt es selbst im Missionsbefehl: Ein Jünger lernt, „alles zu halten, was er befohlen hat“ (Mt 28,20). Und wo findest du, was Jesus befohlen hat? In der Bibel, vor allem im Neuen Testament. Glaub nicht, dass das schwer ist. Nein, es schult dich, es prägt dich, es verändert dich immer deutlicher, damit du die Person werden kannst, die Gott aus dir machen wollte, als er dich ins Leben rief. Konkret heißt das: Lies die Bibel, suche Gemeinschaft mit denen, die auch mit Jesus gehen.

Natürlich kann jeder sagen: Dieser Weg zu Gott leuchtet mir nicht ein, gefällt mir nicht, ist mir zu billig oder zu einfach! Wenn es aber keinen anderen Weg zu Gott gibt?

Matthias Claudius hat geschrieben: „Wer nicht an Christus glauben will, der muss sehen, wie er ohne ihn raten kann. Ich und du können das nicht. Wir brauchen jemand, der uns hebe und halte, weil wir leben, und uns die Hand unter den Kopf lege, wenn wir sterben sollen.“[18]

Mit ihm sage ich: Jesus soll mein Leben prägen! Denn er hat nie den Auftrag gegeben, einen Menschen zu töten, zu berauben, zu entrechten, zu übervorteilen. Er hat stattdessen sein eigenes Leben hingegeben für alle Menschen. Ihm zu gehören und zu gehorchen, ihn zu loben und ihm zu dienen ist mein Lebensglück. Je älter ich werde, desto wichtiger wird mir die lebendige Hoffnung, die Jesus seinen Jüngern gibt. Denn durch ihn habe ich nicht nur ein sinnerfülltes Leben, sondern auch eine lebendige Hoffnung, auch im Blick auf den Tod. Dann bin ich bei meinem Vater im Himmel. Solange ich aber auf dieser Erde bin, will ich es weitersagen: Werde auch du ein Jünger Jesu und ein Himmelserbe!

Kapitel

4

# Gott antwortet auf die Grundfragen des Lebens

Ich bin nun alt geworden und kann sagen: Es lebt sich anders, wenn man um den Sinn und das Ziel des Lebens weiß. Ich freue mich über die Maßen, dass unser Schöpfer uns nicht in der Welt umherirren lässt, ohne uns zu sagen, wer wir sind, was unser Auftrag ist, woher wir kommen und wohin wir gehen. Kein Mensch kann uns die ersten und die letzten Fragen des Lebens beantworten.

Es geht um die Fragen: *Was ist der Mensch? Was ist der Sinn des Lebens? Was ist mit dem Tod? Woher kommen Not, Krankheit und Tod? Und natürlich: Wie finde ich zurück zu Gott?*

Das sind doch die Fragen, auf die wir eine Antwort brauchen, um unser Leben zu verstehen. Unser Schöpfer lässt uns da nicht im Dunklen. Er sagt es uns in seinem Wort. Deshalb sage ich mit dankbarer Überzeugung: „Bibelleser wissen mehr!"

In der biblischen Urgeschichte, in den ersten Kapiteln der Bibel – 1. Mose 1–4 –, gibt Gott uns das Grundwissen über die großen Fragen unseres Lebens.

Die erste Frage lautet:

## Was ist der Mensch?

In 1. Mose 1,27f. lesen wir: „Gott schuf den Menschen zu seinem Bilde, zum Bilde Gottes schuf er ihn; und schuf sie als Mann und Frau. Und Gott segnete sie und sprach: Seid fruchtbar und mehret euch." Das finde ich nun wirklich groß, ja, geradezu umwerfend! Ich bin berufen, Gott ähnlich zu sein. In mir soll sich etwas von seinem eigenen Wesen widerspiegeln. Was sagen die Menschen heute, was sagt die moderne Wissenschaft? Wir sollen aus dem Tierreich entstanden sein und uns im Wesentlichen nicht vom Tier unterscheiden? Gottes Wort gibt uns eine unvergleichlich höhere Würde! In uns ist etwas, das von Gott stammt. Und zugleich will Gott uns formen, sodass wir seinem göttlichen Wesen immer ähnlicher werden. Und schließlich werden wir ihn einmal sehen von Angesicht zu Angesicht und seine „Gesprächspartner" sein.

Dabei ist für die Bibel ganz klar: Diese göttliche Würde hat gleichermaßen jeder Mensch – jeder Mann und jede Frau. Beide sind geschaffen zum Ebenbild Gottes, berufen zu ewiger Gemeinschaft mit ihm. Aber auch zur Gemeinschaft miteinander. Meine Frau ist für mich geschaffen und ich für sie. Sie ist anders als ich, und sie ergänzt mich. Ich bin anders als sie, und ich ergänze sie. Sie hat etwas, was ich nicht habe, und ich habe etwas, was sie nicht hat. In dieser Zweisamkeit sind wir ein Ganzes.

Und noch eins gab Gott dem Mann und der Frau: Er segnete sie, dass sie fruchtbar seien und sich mehren. So bekommen sie Anteil an seinem wunderbaren göttlichen Schaffen: Aus ihrem liebevollen Miteinander soll das Wunder neuen menschlichen Lebens werden. So stellt Gott auch die menschliche Sexualität unter seinen Segen.

Welche Würde, welche Größe gibt uns da unser Gott! So groß kann kein Mensch vom Menschen reden, nicht einmal Goethe und Einstein. Und so groß kann kein Mensch den Menschen machen wie unser gütiger Schöpfer und sein Sohn Jesus! Diese Würde will ich mir von niemandem nehmen lassen. Und diese Würde will ich auch jedem Menschen in dieser Welt zugestehen.

Ja, ich weiß und bin auch froh, dass Jesus und auch Paulus und andere dem Stand der Alleinstehenden eine eigene Würde gegeben haben. Und auch das ist wahr: Was haben ehelose Frauen und Männer Großes für die Welt geleistet! Ich weiß aber auch, dass mancher damit eine Bürde zu tragen hat und gerne geheiratet hätte.

Nun zur nächsten Frage:

## Was ist der Sinn des Lebens?

Wenn ich berufen bin, Gottes Ebenbild zu sein, so ist der Sinn meines Lebens, etwas von Gottes Wesen widerzuspiegeln, also etwas von Gottes Güte und Barmherzigkeit, von Gottes Heiligkeit, Wahrhaftigkeit und Menschenliebe.

Weil Gott mich geschaffen hat, ist er auch mein Herr. Martin Luther sagt im Kleinen Katechismus, in der Erklärung zum Glaubensbekenntnis:

> „Ich glaube, dass mich Gott geschaffen hat samt allen Kreaturen, mir Leib und Seele, Augen, Ohren und alle Glieder, Vernunft und alle Sinne gegeben hat und noch erhält … ohn all mein Verdienst und Würdigkeit: für all das ich ihm zu danken und zu

loben und dafür zu dienen und gehorsam zu sein schuldig bin. Das ist gewisslich wahr."

Luther erklärt also nicht nur, dass wir von Gott geschaffen sind und ihm alles verdanken, was wir zum Leben benötigen. Er sagt uns auch, was aus dieser Tatsache ganz natürlich folgt: Ich bin schuldig, ihm dafür zu danken und ihn zu loben und ihm dafür zu dienen und gehorsam zu sein! Das ist doch klar: Der mich geschaffen hat, kann bestimmen, was ich tun oder lassen soll!

Gott danken, loben, dienen und gehorchen – das ist Sinn und Ziel meines Lebens! Wer das tut, der wird selber froh und macht auch andere dankbar. Er wird zu einem Tröster, Ermutiger und Vorbild für sein Umfeld.

Paulus schreibt, dass Gott uns „in seiner Liebe ... dazu vorherbestimmt (hat), seine Kinder zu sein durch Jesus Christus nach dem Wohlgefallen seines Willens, zum Lob seiner herrlichen Gnade" (Eph 1,4ff.).

Gott loben und seine Menschenliebe widerspiegeln können wir aber nur, wenn wir ganz Gott und dann auch unseren Mitmenschen zugewandt leben und wirken.

Eine weitere Grundfrage des Lebens lautet:

## Woher kommen Not, Krankheit und Tod?

Hier muss ich nun noch einmal zurückkommen auf die biblische Urgeschichte. Denn Not und Tod gehören eigentlich nicht in die Welt. Gott hatte den Menschen und die Welt „sehr gut" geschaffen. Wieder sage ich: Was in der biblischen Urgeschichte geschildert wird, ist mit irdischen

Vorstellungen nicht völlig zu begreifen und ist doch wahr und wichtig.

So lesen wir in 1. Mose 3 vom Aufruhr gegen Gott im Paradies. Der Gegenspieler Gottes, der Satan, gesellte sich im Paradies in Gestalt einer Schlange zu den Menschen und verleitete sie zur ungehorsamen Auflehnung gegen Gott und sein Verbot. Die Schlange belog Adam und Eva zuerst mit der Frage: „Sollte Gott das wirklich so gesagt haben?" Sie säte also Zweifel an Gottes Wort, um dann zu behaupten: „Das Gegenteil von dem, was Gott gesagt hat, stimmt. Ihr werdet keineswegs sterben, wenn ihr von der verbotenen Frucht esst, sondern ihr werdet sein wie Gott, werdet auch erkennen, was gut und böse ist."

So bildet sich im Paradies eine Front (des personifizierten Bösen gemeinsam mit den Menschen) gegen Gott, einfach durch Ungehorsam. Gottes Reaktion: Er wendet sich von Adam und Eva ab und schickt sie aus dem Paradies heraus. Denn kein Sünder erträgt die Herrlichkeit der Nähe Gottes und des Himmels. Aber auch umgekehrt: Der Himmel duldet keinen Sünder.

Und nun ist es Gott selbst, der als Reaktion auf die Sünde (den Ungehorsam) das Leben auf dieser Erde verdunkelt. Die Menschen werden merken, dass ein Leben im Ungehorsam gegen Gott nie glücklich macht. Da der Mensch als Ebenbild Gottes geschaffen wurde, kann er ohne Gott kein erfülltes, glückliches Leben haben. Die hohe Begabung, menschliches Leben weiterzugeben, und die Schönheit der Liebe von Mann und Frau belegt Gott nun mit Schmerzen und Gefahren. Er verflucht den Acker, sodass Adam sich nur noch im Schweiße seines Angesichts vom Erdboden ernähren kann. Durch Gefahren und Schmerzen der Schwangerschaft und durch „Dornen und Disteln“ auf dem Erdboden wird das Leben mühselig, und wir Menschen werden hilfsbedürftig. Und dann setzt Gott dem Menschen, der sein wollte wie Gott, die letzte Grenze: „Draußen, außerhalb des Paradieses wirst du ein mühevolles Leben haben, bis du wieder zur Erde wirst, wovon du auch genommen bist.“ Hier ist die Ursache von Not, Krankheit und Tod. Wir sind draußen! Gott stellt einen Engel vor das Paradies. Zurück kann kein Mensch aus eigenem Willen. Haben wir das wirklich begriffen?

Es gibt einen „Allerweltsglauben“, der meint, Gott sei dafür da, dass er alle Schmerzen, Not, Krankheit und Tod von uns fernhält. Das ist ein Irrtum. Die Bibel lehrt uns etwas anderes. Durch das Leid treibt Gott uns gerade dazu, seine Nähe zu suchen. Unzählige Menschen haben das im Krieg erlebt. Besonders in Leid und Gefahr hält Gott seine Arme für uns offen.

Aber es bleibt eine weitere Frage:

## Was ist mit dem Tod?

In Psalm 90,3 spricht Gott: „Kommt wieder, Menschenkinder!“ Was sich insgeheim die meisten Menschen wünschen, nämlich möglichst lange zu leben, am besten 200 Jahre lang – das wäre tatsächlich eine Katastrophe. Schon in der übernächsten Generation würde es auf der Erde unerträglich eng werden. Lebensraum und Nahrung würden nicht reichen. Kampf und Streit wären die Folge. Wir sind nämlich nicht für ein sehr langes Leben auf der Erde geschaffen. Der Tod ist bitter, ist unser Feind, ist unserer „Sünde Sold“. So schreibt der Apostel Paulus. Anders gesagt: Auf dieser gefallenen Erde gehört der Tod zum System, muss er sein. Unser Leben hier ist von vornherein begrenzt und auf Gott im Himmel ausgerichtet. Wir können nur vollendet werden bei unserem Schöpfer. Wieder gilt: „Gott schuf den Menschen zu seinem Bilde, zum Bilde Gottes schuf er ihn“ (1Mo 1,27). Bei ihm sollen wir am Ende ankommen, dort gehören wir hin!

Auf dieser Erde findet nur der erste Teil unseres Lebens statt, in dem wir entscheiden, ob wir Jesus als unseren Herrn annehmen und auf Dauer bei unserem Schöpfer sein wollen. Einige Jahrzehnte (oder auch weniger) gibt Gott uns Zeit, das zu klären. Danach bricht der Schöpfer unser Leben ab. Es wird hier nicht vollendet. Jedes Leben hier auf Erden bleibt ein Torso, ein „unvollendetes Kunstwerk“. Danach kommt das, was wir gewollt, wofür wir uns entschieden haben: ewige Gemeinschaft mit unserem liebevollen Vater im Himmel oder die Ewigkeit ohne ihn.

Ich war etwa fünf Jahre alt. Meine Mutter war beim Spülen des Mittagsgeschirrs, und ich musste abtrocknen. Ich sagte: „Im Hof liegt eine tote Katze.“ „Ja“, sagte meine Mutter. „Katzen sterben alle mal, auch alle anderen Tiere.“ „Und wir Menschen?“ „Auch wir Menschen.“ Da war ich erschrocken. Meine Mutter aber sagte: „Du brauchst aber keine Angst zu haben. Wenn wir dem Herrn Jesus gehören, bringt er uns durch den Tod in den Himmel. Und da ist es viel schöner als hier.“ Seitdem will ich in den Himmel kommen, was heute in meinem Alter für mich noch viel unabweisbarer geworden ist.

Heute bin ich sehr dankbar für diese freimütiger Antwort meiner Mutter. Ich konnte ihr vertrauen, denn sie ging regelmäßig unter Gottes Wort, las es auch selbst regelmäßig und lebte danach. Ich habe später an vielen Sterbebetten gestanden und mit Schmerzen gemerkt, wie mancher Sterbende diese Frage immer vor sich hergeschoben hatte, ohne sich ihr zu stellen. Im Sterben selbst war es dann oft zu spät. So bin ich meiner Mutter sehr dankbar. Sie hat mit ihrer Antwort „die Ewigkeit in mein Herz gelegt", wie es in der Bibel heißt (Pred 3,11). Und sie hat mir damit den Horizont geweitet über den Tod hinaus.

Seitdem sind für mich alle irdischen Reichtümer und Ziele nur von zweitrangiger Bedeutung, weil ich sie ja sowieso alle wieder verliere. Göttliche Dinge sind mir wichtig, etwa Wahrheit, Liebe und die lebendige Hoffnung, aber auch Barmherzigkeit, Treue und Vergebung, ja, Friede mit Gott. Das wünschte ich uns allen, dass uns schon sehr früh die Botschaft vom Himmel glaubwürdig bezeugt wird. Es lebt sich leichter, wenn man weiß: Am Ende wartet die Herrlichkeit und nicht das bedrohliche Dunkel des Todes. Und wenn ich das schon in frühen Jahren erfassen kann, hat das gesamte Leben natürlich eine andere Qualität, als wenn ich den Gedanken an den Tod ängstlich immer weiter hinausschiebe, ohne mich ihm zu stellen. So bleibt es mein Lebensziel: Ich will in den Himmel kommen und möglichst viele mitbringen.

## Ein Schmerz allerdings bleibt

Das ist nicht zu leugnen: Das ist der Schmerz der Trennung von geliebten Menschen für die, die zurückbleiben. Aber auch darin bleiben wir unter der Tröstung Jesu: Die geliebten Angehörigen bleiben zurück unter der Fürsorge des himmlischen Vaters, der mehr trösten und segnen kann als auch der liebste Mensch. Jesus hat selbst unter Todesqualen noch fürsorglich an seinen Jünger Johannes gedacht und an seine Mutter Maria: „Frau, siehe das ist dein Sohn ... Siehe, das ist deine Mutter“ (Joh 19,26f.). Nun, wo er über alle Mächte erhöht ist, gilt seine Fürsorge jedem, der ihm nachfolgt: „Meine Schafe hören meine Stimme, und ich kenne sie, und sie folgen mir; und ich gebe ihnen das ewige Leben, und sie werden nimmermehr umkommen. Und niemand wird sie mir aus meiner Hand reißen“ (Joh10,27f.).

Halten wir fest: Niemandem ist es je gelungen, sich über Gott zu erheben. Unser Schöpfer hat 1000 Wege, uns herunterzuholen. Es ist Irrsinn, wenn sich das Geschöpf über seinen Schöpfer stellt. Spätestens in Krankheit und Sterben spüren die meisten Menschen, dass sie völlig abhängig von ihrem Schöpfer sind.

Welch eine Gewissheit und Geborgenheit aber liegen in dem Wort des Apostels Paulus: „Wir wissen: Wenn unser irdisches Haus, diese Hütte, abgebrochen wird, so haben wir einen Bau, von Gott erbaut, ein Haus, nicht mit Händen gemacht, das ewig ist im Himmel“ (2Kor 5,1). Diese Gewissheit ist schon der halbe Himmel auf Erden.

Der spätere Bischof von Hannover, Hanns Lilje, berichtet aus der Zeit, in der er in Berlin im Gestapo-Gefängnis war, von einer Begegnung mit den tapferen Attentätern des 20. Juli 1944 gegen Hitler.[19] Einer von ihnen war Graf Helmut v. Moltke. Lilje schreibt:

> „Von Moltke forderte seine Mitgefangenen auf, nüchtern ihr Schicksal zu betrachten und sich auf den Tod zu rüsten. Er selber tat das auf eine

vorbildliche Weise. Ohne die leiseste Selbsttäuschung über sein wahrscheinliches Ende lebte er in einer heiteren Klarheit der Seele. Das leuchtendste Beispiel einer ungebeugten Haltung aus Glauben. Als Christ war er der klarste und selbstverständlichste unter uns … Bei ihm vollzog sich, was es wohl nur an der Grenze des Todes geben kann: Der Kampf lag hinter ihm, keine Wolke der Anfechtung trübte seine Glaubenszuversicht. Ich muss ihm bezeugen, dass ich ihn nur heiter und gelassen gesehen habe. Als am Tage vor seiner Hinrichtung der Wachtmeister noch einmal seine Zelle betrat mit der Nachricht: ‚Morgen noch einmal Vernehmung – fertig machen!' sagte er nur mit völligem Gleichmaß der Seele: ‚Oh, ich weiß – die Hinrichtung!' Und las weiter in meiner Auslegung des letzten Buches der Bibel (Offenbarung des Johannes), die als Lektüre seine letzten Tage ausgefüllt hatte. Wunderbar sind in ihrer Gewissheit und Klarheit seine Briefe aus der letzten Zeit. Bis zuletzt war er innerlich völlig frei, freundlich, hilfreich, umsichtig – ein richtiger freier Mensch von innerem Adel mitten unter den Larven der Grausamkeit."

So richte auch ich mich immer wieder auf die Ewigkeit mit folgendem Lied aus:

„Wenn nach der Erde Leid, Arbeit und Pein
ich in die goldenen Gassen zieh ein,
wird nur das Schau'n meines Heilands allein
Grund meiner Freude und Anbetung sein.

Das wird allein Herrlichkeit sein,
das wird allein Herrlichkeit sein,
wenn frei von Weh ich sein Angesicht seh,
wenn frei von Weh ich sein Angesicht seh.

Wenn dann die Gnade, mit der ich geliebt,
dort eine Wohnung im Himmel mir gibt,
wird doch nur Jesus, und Jesus allein
Grund meiner Freude und Anbetung sein.

Dort vor dem Throne im himmlischen Land
treff' ich die Freunde, die hier ich gekannt.
Dennoch wird Jesus, und Jesus allein
Grund meiner Freude und Anbetung sein."[20]

Kapitel

5

# Gott führte mich sicher durchs Leben

Aber mein Nachdenken über Jesus geht weiter: Denn er hat mein Leben wunderbar geführt.

Er hat mir nicht nur mein Leben mit Leib, Seele und Geist gegeben. Er hat mir auch in seinem Wort Richtlinien gegeben, die sich in meinem Alltag wunderbar bewährt haben. Er will mich so führen, dass ich am Ende bei ihm ankomme und ein Lebenswerk mitbringe, das ihm zur Ehre und meinem Nächsten zum Segen und Nutzen wird.

In seiner Liebe hat er mich erlöst. Und nun will er, dass ich diese Liebe weitergebe in meine Familie hinein, in meinen Bekanntenkreis, zu allen Menschen, mit denen ich Umgang habe.

So haben die Wegweisungen Gottes meinem Leben Profil gegeben!

## Die Zehn Gebote als Wegweiser Gottes

In seinem Buch „Niemals aufgeben" schreibt Peter Hahne: „Roman Herzog sagte mir einmal in einem Interview als Präsident des Bundesverfassungsgerichts: ‚Hielten wir uns in Deutschland an die Zehn Gebote, wir hätten ein anderes Land.'"[21]

Die Zehn Gebote sind kurz und bündig formuliert. Gott spricht gern knapp und klar. Das ist besser zu lesen und lernen, sodass seine Worte mit uns durch den Alltag gehen können. Aber in diesen kurzen Worten steckt lauter Weisheit Gottes, die jeden weise macht, der sie befolgt. Sie sind nun schon über 3000 Jahre alt und dennoch hochaktuell für jede Generation in jedem Volk und in jeder Familie.

Der Regierungschef der DDR in den 1960er-Jahren, Walter Ulbricht, hatte zu seiner Zeit Gottes Geboten Konkurrenz machen wollen und die „Zehn Gebote der sozialistischen Moral“ herausgebracht. Abgesehen davon, dass sie fast eins zu eins die Zehn Gebote der Bibel waren, nur ohne Gott, sind sie schon zwei Jahrzehnte danach wieder in der Bedeutungslosigkeit versunken. Es macht mir Freude zu sehen, dass Gottes Gebote heute so aktuell sind wie eh und je. Wenn wir sie befolgen, wird unser Verhältnis zu Gott und Menschen geordnet, und wir selbst werden darüber froh. Sehen wir uns die zehn Gebote nach 1. Mose 20 – hier nach der lutherischen Zählung – einmal an:

***Das 1. Gebot:***

*„Ich bin der Herr, dein Gott ... Du sollst keine anderen Götter neben mir haben.“*

Das klingt zwar ernst und schwer, ist aber die reine Freude. Denn als ich Christ wurde, habe ich ihm die volle Herrschaft über mein Leben gegeben. Ich glaube fest: Was Gott mir gebietet oder verbietet, ist gut für mich, schon hier auf Erden. Und für die Ewigkeit gibt mir dieses erste und wichtigste Gebot die Perspektive für eine ewige Zukunft bei meinem Vater im Licht! Wichtig, kurz und eindeutig ist auch Luthers Erklärung dazu: „Wir sollen Gott über alle Dinge fürchten, lieben und vertrauen." Das schließt alle Götzen aus und gibt Gott die erste Stelle vor allen Wünschen und Schätzen in unserem Leben.

***Das 2. Gebot:***
*„Du sollst den Namen des HERRN, deines Gottes, nicht missbrauchen; denn der HERR wird den nicht ungestraft lassen, der seinen Namen missbraucht."*

Luthers Erklärung: „Wir sollen Gott fürchten und lieben, dass wir bei seinem Namen nicht fluchen, schwören, zaubern, lügen oder trügen, sondern ihn in allen Nöten anrufen, beten, loben und danken."

Weil ich durch meine Eltern Leben, Versorgung und Erziehung bekam, fände ich es verwerflich, ihren Namen zu missachten. Wie viel mehr gilt das für Gott: Weil er uns das Leben gab und uns zu seinem Ebenbild geschaffen hat, gehört ihm jede Ehrerbietung. Sein Name steht über allen Namen!

Ebenso der Name des Sohnes Gottes, Jesus, der sein Leben für uns gab. In dem Lied „O Heiland, fülle meinen Tag" heißt es: „In keinem andern ist ja Heil, als nur in deinem Namen, so sei mein bestes Erb und Teil, der Herr ist König, Amen."[22]

Als Pastor wurde ich manchmal durch Wahrsager herausgefordert, sogenannte Heiler und Menschen, die „geheime Künste" sowie spiritistische Aktivitäten betrieben. Oft sagten sie, sie täten es *im Namen* oder *durch den Namen Gottes*. Ich bekam zähen Widerstand, wenn ich dann die Bibel zitierte, etwa 5. Mose 18,9ff., wo Gott deutlich sagt, diese heidnischen Praktiken seien „dem HERRN ein Gräuel". Zudem heißt es beim Propheten Jesaja: Die das tun, sind „im

Dunkel der Angst" (8,22), was ich oft bei abergläubischen und Okkultismus praktizierenden Menschen erlebte. Aber wir erlebten auch: Jesus machte frei von solchen Mächten und Ängsten, wo Menschen den Namen Jesu anriefen und sich von diesen Mächten lossagten. Oft war dabei seelsorgerliche Hilfe nötig. Jesus gibt ja seinen Boten die Vollmacht zu lösen und zu binden (Mt 16,19; 18,18). Und beim Propheten Joel (3,5) heißt es, was auch im Römerbrief zitiert wird: „Wer den Namen des Herrn anrufen wird, soll gerettet werden" (10,13).

***Das 3. Gebot:***
*„Du sollst den Feiertag heiligen."*[23]

Mit dem Gottesdienstbesuch ist es wie mit dem Bibellesen: Wer sich das zur Gewohnheit macht, dem wird es auch nicht schwerfallen. Auch jetzt, wo ich alt bin, ist mir jeder Gottesdienst eine Freude. Er stimmt mich ein auf die Ewigkeit bei Gott. Aber er lässt mich auch nicht einsam werden. Ich habe Freunde, teile mit ihnen Freude und Leid. Wir besuchen einander. Ich trage mit und werde getragen! Gemeinde heißt auch „Gemeinschaft". Was habe ich in meiner Kindheit und Jugend für bereichernde Freunde, auch ehrenwerte ältere erwachsene Persönlichkeiten erlebt. Sie waren mir oft Vorbilder. Und die Predigten haben mir gezeigt, was Gottes Wort für mein Leben bedeutet. Wohl dem, der solche Vorbilder hat! Wohl dem, der gern in den Gottesdienst geht, und dem, der gern mal ruht und sich besinnt. Meine Mutter sagte darüber hinaus: Liebesdienste darf man auch am Sonntag tun. Da ist der Sonntag richtig froh erfüllt. In Psalm 26,8 heißt es: „Herr, ich habe lieb die Stätte deines Hauses und den Ort, da deine Ehre wohnt." Was man lieb hat, macht einen froh! Es ist die Nähe zu Gottes Volk und Gottes Wort und damit die Nähe zu Gott selbst, die froh macht.

***Das 4. Gebot:***
*„Du sollst deinen Vater und deine Mutter ehren, auf dass du lange lebest in dem Lande, das dir der HERR, dein Gott, geben wird."*

Seit meiner Kindheit bestand ein tiefes inneres Band zwischen meinen Eltern und mir, obgleich wir alle nicht fehlerlos waren. Sie haben mich in meiner Kindheit und Jugend mit hingebender Liebe für das Leben befähigt und mir ewige Werte vermittelt. Und als sie älter wurden und auf die Hilfe von uns Kindern angewiesen waren, da war es unsere Freude, dass wir ihnen – bei uns war es besonders unsere Schwester, die bei ihnen wohnte – etwas von ihrer Liebe zurückgeben konnten. Gott sorgt sich immer um die Schwachen. Und er braucht uns, dass wir dabei seine Werkzeuge sind. Familienglück ist wichtig für unsere Seele. Gott gab uns das 4. Gebot, damit es uns gut gehen soll. So erlebe ich es auch jetzt im Alter.

Hier in Serrahn bei suchtkranken Menschen erleben wir sehr oft, dass das Verhältnis zu Vater und Mutter fast erstorben ist. Doch tief im Herzen ruht eine Sehnsucht, dass es wieder Frieden wird mit den Eltern und Geschwistern. Mancher Brief geht von hier nach Hause mit der Bitte um Vergebung und Versöhnung. Vergebung heilt die Seele. Wenn dann noch die Vergebung durch Jesus dazukommt, wird die Heilung stabiler und umfassender.

*Das 5. Gebot:*
*„Du sollst nicht töten."*

Wir haben alle unsere Kinder gern, und zwar von Anfang an. Aber halt! Nicht vom allerersten Moment an. Immerhin haben wir zehn Kinder. Und wenn bei meiner Frau dann mal wieder die Regel ausblieb, habe ich in der Stille des persönlichen Gebets manchmal gesagt: „Herr, lass doch die Regel noch kommen." Und wenn sie dann doch nicht kam? Nach einer kurzen Phase des Bedrücktseins riefen wir uns ein Bibelwort ins Gedächtnis: „Siehe, Kinder sind eine Gabe des Herrn" (Ps 127,3). So stellten wir uns dazu, und es begann eine Zeit „guter Hoffnung" und Freude auf das neue Kindlein. Wie sind wir mit unseren Kindern so reich beschenkt!

Daher begrüßen wir das Gesetz, das dem Staat einen Schutzauftrag auferlegt und die Organe des Staates, auch die Medien, verpflichtet, für das ungeborene Leben einzutreten. So sind wir Abtreibungsgegner, positiv gesagt: Lebensschützer, und nehmen auch nach Kräften teil am jährlichen Marsch für das Leben in Berlin. Gott gebietet: „Du sollst nicht töten."

Es ist ein Zeichen beschämender Barbarei, dass Menschen weltweit das Ziel haben, die Abtreibung zu legalisieren und damit in die spätrömische Lebensverachtung zurückzufallen, in eine Zeit, in der es das „Recht" gab, das eigene Kind im Mutterleib zu töten.

Nachdem die ersten römischen Kaiser allerdings Christen geworden waren, etwa um 320 n. Chr., verboten sie die Abtreibungen. 1700 Jahre lang hat dieses Verbot die Kultur Europas stabilisiert. Jetzt kämpfen Menschen wieder für ein „Recht auf Abtreibung". Ich aber will wenigstens sagen können: Ich habe für die Würde jedes Menschen gekämpft, und zwar von der Empfängnis an. Denn wie wir oben gesehen haben, wird da schon das Leben jedes Menschen „programmiert". So will ich immer und überall für das Leben eintreten. Ist es nicht ein wahrer Irrsinn: In Deutschland sterben jährlich über 100 000 Kinder im Mutterleib, also die Zahl einer Großstadt. Und nun wollen Menschen noch mehr Tötungen? Als Seelsorger kann ich nur sagen: Wie oft haben Frauen schon vor mir gesessen und es vor unserem Schöpfer bereut, dass sie ihr Kind abgetrieben haben. Ich durfte mit ihnen Jesus um Vergebung bitten und dann auch Vergebung zusprechen und Gewissen entlasten. Oft waren allerdings die Männer daran schuld, weil sie die Mühe noch eines Kindes scheuten oder weil der Freund sich verdrückt hatte oder damit drohte. Töten kann niemals ein „Recht" sein, schon weil unsere Eltern sich dem Schöpfer unterordneten und sich nicht unserem Recht auf Leben widersetzten. „Einigkeit und Recht und Freiheit sind des Glückes Unterpfand. Danach lasst uns alle streben …" Die Geschichte lehrt uns: Es wird ungemütlich bis grauenhaft, wenn in einem Volk das Lebensrecht beliebig wird.

***Das 6. Gebot:***
*„Du sollst nicht ehebrechen."*

Um den Segen dieses starken Gebotes zu schildern, will ich ein Erlebnis erzählen:

1990 hatten wir für zehn Wochen das Ehepaar Honecker bei uns im Pfarrhaus zu Gast, weil sie ihre Dienstwohnung in Wandlitz verloren und keine sichere Bleibe gefunden hatten. Unzählige Male war ich um Interviews gebeten worden, weil es einfach schwer verständlich war, dass der oberste Atheist bei einem Pfarrer Asyl gefunden hatte.

Da gab es mal wieder solch eine Fernsehsendung. Als das Interview gegen 23 Uhr beendet war, sagte der Regisseur: „Wir haben jetzt Feierabend, essen nebenan aber noch ein Brötchen, setzen Sie sich doch dazu." Dabei entwickelte sich folgende Unterhaltung mit dem Regisseur:

Er: „Nun haben wir ja mal einen Pastor hier. Da gibt es doch bei den Christen solche Gesetze, dass man nur eine Frau haben soll ..."

Ich: „Ja, das sechste Gebot: ‚Du sollst nicht ehebrechen.'"

Er: „Und das halten Sie für gut?"

Ich: „Ja."

Er: „Sagen Sie bloß, Sie haben immer nur eine Frau gehabt!"

Ich: „Ja."

Er: „Sagen Sie, kommen Sie vom Mond oder wo kommen Sie her? Sie passen ja überhaupt nicht in diese Gesellschaft!"

Ich bin heute noch froh, dass ich mich nicht entschuldigt habe, ich gehöre noch zur alten Sorte, zu den Konservativen.

„Nein." Ich lächelte ihn an und sagte: „Aber meine Frau ist glücklich und ich auch – und unsere Kinder noch mehr!"

Da war er still. Danach fuhr der Redakteur mich in mein Hotel. Nun waren wir allein, und ich fragte ihn:

„Sind Sie verheiratet?"

Er: „Nein."

Ich: „Leben Sie mit jemandem zusammen?"

Er: „Ja."

Ich: „Sind Sie glücklich?"

Er: „Nee."

„Sehen Sie", sagte ich, „das ist der Unterschied: Ich bin mit den alten Geboten Gottes ein glücklicher Mensch und meine Familie auch. Sie aber werfen das alles als völlig altmodisch über Bord und sind unglücklich."

Er sagte nichts mehr. Und doch spürte ich, dass er nicht ärgerlich war, sondern grübelte: Wie kann es sein, dass die Christen mit ihren alten Geboten so glückliche Menschen sind? Viele Junge aber meinen, klüger zu sein, halten das alles für überholten Unsinn und machen sich selbst freiwillig unglücklich.

Ich dankte an diesem Abend meinem Gott, dass er mir seine Gebote gegeben hat, dic kurz und bündig, aber doch eindeutig sind und uns so froh machen, weil sie uns vor dem Zerbrechen unserer Familie bewahren. Auch dankte ich Gott für meine Frau, die mir im Laufe unseres Zusammenlebens immer lieber und wertvoller geworden ist. Und ich dankte für meine Kinder, dass sie sich weithin in diese göttlichen Lebensordnungen mit hineinnehmen ließen und darin eine frohe Kindheit hatten. Was in ihrer Erziehung gelungen ist, schreibe ich nicht unserer Klugheit zu, sondern den guten Lebensordnungen, die Gott uns in seinen Geboten, wie überhaupt in seinem Wort aufzeigt und die wir täglich in seinem Wort gemeinsam mit den Kindern lasen.

### *Das 7. und 8. Gebot:*
### *„Du sollst nicht stehlen" und „Du sollst nicht lügen".*

Weil meine Frau mit ihrem Gewissen vor Gott lebt, wusste ich: Sie lügt mich nicht an. Sie wusste dasselbe auch von mir. Welch ein Vertrauen gibt das, auch den Kindern. Wenn Kinder merken, der Vater lügt, ist seine Autorität dahin. Nur wo Wahrheit das Miteinander prägt, hat die Erziehung eine Chance. Ich bin überzeugt: Gott ist der stärkste Motor zum Nein gegen die Lüge, und Jesus ist der „König der Wahrheit" (siehe Joh 18,37). Übrigens sagt Jesus vom Teufel: „Er ist ein Lügner und der Vater der Lüge“ (Joh 8,44). Das muss ich wissen: Mit jeder Lüge begebe ich mich auf das Terrain des Teufels und immer mehr in seine Abhängigkeit. Das Leben um uns herum zeigt uns, wie viel Leid das bringt.

Nur wo Offenheit und Wahrheit herrschen, können vorbehaltlose Liebe und ein wirklich inniges Miteinander wachsen.

***Das 9. und das 10 Gebot:***
*„Du sollst nicht begehren deines Nächsten Haus!“ und „Du sollst nicht begehren deines Nächsten Weib, Knecht, Magd, Vieh noch alles, was sein ist.“*

Ist uns klar, wie viel Potenzial zum Bösen in unserem Begehren liegt? Diebstahl, Lüge, Neid, Habsucht, natürlich auch Ehebruch und viele andere Sünden haben ihren Anfang in unserem Herzen, das besitzen will, oft auch das, was dem anderen gehört. Manchmal werden wir geradezu unruhig und unglücklich darüber, dass andere mehr haben als wir.

Doch nicht nur die Zehn Gebote sollen uns prägen, sondern ebenso auch „die Freundlichkeit und Menschenliebe Gottes, unseres Heilandes“ (Tit 3, 4). Wenn wir sie an uns selbst erfahren haben, will sie uns prägen, unser Wesen und unser Verhalten.

So schreibt der Apostel Paulus an die Christen von Korinth: „Die Liebe ist langmütig und freundlich“ (1Kor 13,4). Und an die Christen in Kolossä schreibt er: „So zieht nun an als die Auserwählten Gottes, als die Heiligen und Geliebten, herzliches Erbarmen, Freundlichkeit, Demut, Sanftmut,

Geduld; und ertrage einer den andern und vergebt euch untereinander, wenn jemand Klage hat gegen den andern; wie der Herr euch vergeben hat, so vergebt auch ihr! Über alles aber zieht an die Liebe, die da ist das Band der Vollkommenheit“ (3,12-14).

Kapitel
6

# Wie wird man Christ?

Am besten hören wir auf Jesus, wie er es seinen Jüngern gesagt hat, als er sich am Himmelfahrtstag von ihnen verabschiedete:

> „Und Jesus trat herzu und sprach zu ihnen: Mir ist gegeben alle Gewalt im Himmel und auf Erden. Darum gehet hin und machet zu Jüngern alle Völker: Taufet sie auf den Namen des Vaters und des Sohnes und des Heiligen Geistes und lehret sie halten alles, was ich euch befohlen habe. Und siehe, ich bin bei euch alle Tage bis an der Welt Ende." (Mt 28,18-20)

Achten wir auf die totale Machtfülle des am Kreuz in völliger Schwachheit gestorbenen und nun auferstandenen Herrn. Nun kann er sagen: *Alle* Gewalt, *alle* Völker, *alles,* was ich euch befohlen habe, ich bin bei euch *alle* Tage. Die Apostel sollten alle Völker zu „Jüngern machen". So nach dem griechischen Text.

Wir fragen: Können Menschen das überhaupt, Jünger machen? Antwort: Nein! Und doch! Wir fragen weiter: Wie hat denn Jesus „Jünger gemacht"? Er hat Menschen zugerufen: „Komm und folge mir nach." Sie haben den Ruf Jesu gehört und sich entschlossen, mit ihm zu gehen und von ihm zu lernen. So machte Jesus sie zu Jüngern. Drei Jahre hindurch haben sie aufgenommen, was Jesus sie gelehrt hat über Himmel und Erde, über Schuld und Vergebung, über Tod und Leben, über das Reich Gottes und ein Leben im Frieden mit Gott und den Mitmenschen. Was sie selber bei Jesus erlebt hatten, wurde nun zu ihrem Auftrag: So, wie Jesus ganz normale Menschen zu seinen „Jüngern gemacht" hat, so sollen sie es nun auch in aller Welt tun, nämlich die Menschen dazu aufrufen: „Werde ein Jünger Jesu und folge ihm nach!" Durch die Wirkung des Heiligen Geistes wurde nun ihre Predigt im Namen Jesu zum Ruf Jesu an die Mitmenschen: „Entscheide dich für ein Leben mit Jesus, werde sein Jünger." In der Taufe sollten sie die Bestätigung Gottes erfahren: „Du bist nun ein Jünger oder Schüler Jesu. Nun folge Jesus nach."

War damit nun alles erledigt? Nein! Nun geht es erst richtig los. Nun kommt das „Lehren, alles zu halten, was Jesus befohlen hat"! Nun beginnt die *Schule Jesu,* die das ganze Leben des Christen andauern und prägen soll. Auch für die, die als Kind getauft wurden, beginnt erst mit der persönlichen Entscheidung, Jesus nachzufolgen, die lebenslange Schule Jesu. Nun sollen sie alles lernen, was Jesus seine Jünger gelehrt hat. Und dann sollen sie es glaubhaft weitergeben, damit immer neue Menschen, ja, Völker, zum Glauben kommen und Jünger von Jesus werden. Wo das geschieht, wird es hell in Menschen und ihrem Volk. Der Missionsauftrag ist Ziel- und Endpunkt des Wirkens Jesu auf der Erde. So ist der wichtigste Auftrag Jesu an seine Gemeinde: „Macht die Völker zu Jüngern!" Ist seine Gemeinde ihm hierin gehorsam? Hören wir dieses Allerwichtigste in den Predigten unserer Verkündiger und Pastoren? Danach wird er alle Prediger richten.

Es könnte sein, dass er manchem sagen wird: „Du hast die Hauptsache verfehlt, bist auf Nebensachen und unbiblische Irrlehren ausgewichen." Ernst ist das Wort des Apostels Paulus in 2. Timotheus 4,3: „Denn es wird eine Zeit kommen, da sie die heilsame Lehre nicht ertragen werden; sondern nach ihren eigenen Gelüsten werden sie sich selbst Lehrer aufladen, nach denen ihnen die Ohren jucken." Und noch ernster ist das Wort Jesu: „Es werden nicht alle, die zu mir sagen: Herr, Herr!, in das Himmelreich kommen, sondern die den Willen tun meines Vaters im Himmel" (Mt 7,21). Wer sich ein Jünger Jesu nennt und nicht zugleich ein Missionar, d. h. ein Zeuge Jesu ist, ist fehl an seinem Platz. Insbesondere gilt das aber für alle Prediger, Diakone, Pastoren und Bischöfe.

## Noch einmal: Wie wird man Christ?

Der Apostel Paulus schreibt in 1. Thessalonicher 1,9: Eure Jüngerschaft begann mit der Predigt des Evangeliums, also mit dem Ruf: „Komm zu Jesus und werde sein Jünger!" Die Folge: 1. Ihr habt euch *bekehrt zu Gott. 2. weg von den Abgöttern; 3. zu dienen dem lebendigen und wahren Gott und 4. zu warten auf seinen Sohn vom Himmel.* Das sind die vier Grundelemente einer echten Umkehr zu Jesus:

1. Ich entscheide mich und *bekehre mich zu Gott.* Ich stelle mein Leben ganz unter die Herrschaft Gottes. Er soll mir der Höchste und Beste sein und mein alleiniger Herr.

*2. Weg von den Abgöttern:* Nichts soll mir wichtiger sein als Gott, nichts soll mir zum Abgott werden!

*3. Zu dienen dem lebendigen und wahren Gott:* Diese Entscheidung schließt ein, dass ich Gott dienen will. Ich bin nicht für mich selbst da. Ich will nicht herrschen. Dienen soll mein Lebensinhalt sein, vor allem, andere Menschen in die Jüngerschaft Jesu rufen.

*4. Zu warten auf seinen Sohn vom Himmel:* Ich habe eine Zukunft, und das Schönste liegt noch vor mir. Jesus kommt wieder! Darauf warte ich. Das gibt mir eine lebendige Hoffnung!

Wie wird man also ein Christ? Jesus ruft, meist durch die Predigt, auch durch Gespräch oder Nöte, Angst, Gefahren ...

## Meine Umkehr ist immer nur Antwort auf Jesu Ruf

Er ruft mich. Ich treffe die Entscheidung: Ja, ich will Jesus nachfolgen und Gott dienen. Diese Entscheidung nennt Paulus hier „Bekehrung". In der Bekehrung trete ich heraus aus der Unverbindlichkeit in die gehorsame Nachfolge Jesu. Nun bin ich ein Schüler von Jesus.

Man kann diese Entscheidung auch mit anderen Worten ausdrücken. Immer aber ist es eine Entscheidung für ein Leben unter der Herrschaft Jesu, die dann mein ganzes Leben bestimmt. Jesus wird mein Herr, und ich werde sein Jünger, Nachfolger, Diener. Das geschieht in einem ernsthaften Gebet. Die Bibel sagt: „Wer den Namen des Herrn anrufen wird, soll errettet werden" (z. B. Röm 10,13).

Dabei gebrauchen die Apostel durchaus unterschiedliche Ausdrücke:

Als Petrus seine Zuhörer zur Entscheidung aufrief, sagte er: „Tut Buße (wörtlich: kehrt um), und jeder von euch lasse sich taufen auf den Namen Jesu Christi zur Vergebung eurer Sünden, so werdet ihr empfangen die Gabe des Heiligen Geistes" (Apg 2,38).

Oder: Johannes sagt in seinem Evangelium: „Wie viele ihn aber aufnahmen, denen gab er Macht, Gottes Kinder zu werden, denen, die an seinen Namen glauben" (1,12). Jesus aufzunehmen bedeutet, dass er mein Leben regiert und bestimmt – *so wird man Christ.* Denn von da an ist Jesus wirklich mein Herr.

Deshalb kann Jesus auch an anderer Stelle sagen: „Wer an den Sohn (Jesus) glaubt, der hat das ewige Leben" (Joh 3,36). Glauben heißt hier: sein Vertrauen völlig auf Jesus setzen. Christ werde ich also durch die Entscheidung: Ich will unter der Herrschaft Jesu leben, und ich sage ihm das im Gebet. Klar ist auch, dass man dabei Jesus um Vergebung für seine Sünden bittet. Diese Entscheidung, wenn sie von Herzen kommt, verändert das ganze Leben.

Übrigens war schon die allererste Predigt Jesu ein Ruf zur Bekehrung: „Tut Buße, denn das Himmelreich ist nahe herbeigekommen" (Mt 4,17). Prof. Schniewind schreibt: „Buße ist Freude. Das erlebt jeder, der sich bekehrt."

Ich kann nur jedem raten: Mach dein Leben fest bei Jesus! Dann weißt du, wofür du lebst. Dann weißt du, worauf du zugehst. Dann brauchst du den Tod nicht zu fürchten. Dann weißt du: „Ich habe ein Bürgerrecht im Himmel. Ganz gewiss nimmt mein Herr mich dort auf! Ich gehe dem ewigen Licht bei ihm entgegen – oder besser noch: Selbst, wenn ich ganz schwach bin und gar nichts mehr kann, kommt er mir in seinem Licht entgegen."

## Und wie wurde ich selbst Christ?

Als Jugendlicher habe ich mich bemüht, nach Gottes Geboten zu leben. Täglich habe ich in der Bibel gelesen und gebetet. Und dennoch wusste ich nicht, ob ich wirklich Christ bin und einst bei Gott angenommen werde. Eine Zeit lang habe ich alle Predigten aufmerksam gehört unter der Frage, wie man ein richtiger Christ wird. Zunächst dachte ich: So schlecht wie die, von denen der Prediger gesprochen hatte, bin ich nicht. Ich bin weder ein Dieb noch ein Ehebrecher oder habe andere grobe Sünden getan. Ich will besser werden, will konsequenter nach Gottes Geboten leben und keine Sünde tun. Da fiel mir ein: Das hatte ich ein Jahr vorher auch schon gesagt, und es war nichts geworden. So sah ich ein: Ich schaffe es nicht. Ich bin tatsächlich ein Sünder. Ich brauche Vergebung und immer neu Reinigung; ich brauche Jesus.

So habe ich mich dann entschlossen, nicht danach zu fragen, was die anderen sagen. Ich habe mich im Gebet an Gott und an seinen Sohn Jesus Christus gewandt. Ich habe ihm im Beisein des Predigers meine Sünden bekannt und um Vergebung gebeten und dann gesagt: „Herr Jesus, ich will dir nachfolgen und dir dienen." Der Seelsorger legte mir die Hand aufs Haupt und sprach mir zu: „Im Namen Jesu – dir sind deine Sünden vergeben. Du bist Gottes Kind." Und dann: „Der Herr segne dich, dass du auch für andere zum Segen wirst." Als ich von den Knien aufstand, bin ich auf dem Weg nach Hause gesprungen vor Freude und Dank. Ich wusste: Nun sind die entscheidenden Fragen des Lebens für mich gelöst. Nun bin ich ein reicher Bettler vor Gott, der anderen Bettlern sagen kann, wo es etwas zu essen gibt! Mir wurde die Gewissheit geschenkt, dass ich nun Frieden mit Gott habe und ein Bürgerrecht im Himmel.

So war meine Bekehrung zugleich auch die Entscheidung: Ich will mein ganzes Leben unter der Herrschaft Jesu führen. Ich will seine Liebe an meine Mitmenschen weitergeben.

Später wurde mir bewusst, dass es vor mir schon Paulus (Phil 3,4-9) und Luther erlebt hatten: Auch fromme Menschen müssen sich bekehren, und zwar vom Vertrauen auf die eigene Gerechtigkeit weg, hin zu der Gerechtigkeit, die Gott dem schenkt, der sein Vertrauen ganz auf Jesus und sein Opfer am Kreuz setzt. Kein Mensch schafft es durch seine guten Werke, vor Gott gerecht zu werden. Luther sagt es treffend: „Gute, fromme Werke machen nimmermehr einen guten frommen Mann, sondern ein guter frommer Mann macht gute Werke!" Wie froh bin ich, dass ich mich damals nicht habe abhalten lassen, mich als Sünder zu bekennen und die Entscheidung für ein Leben unter der Herrschaft Gottes zu treffen! Seitdem habe ich Frieden mit Gott, auch über den Tod hinaus. Damit habe ich ein Zuhause bei ihm, habe meine Heimat, sogar mein Bürgerrecht im Himmel. Da gehöre ich hin. Dort will ich ankommen. Alles im Leben will ich diesem Ziel unterordnen. Und je älter ich werde, desto getroster sehe ich nach vorn.

Kapitel

7

# Die Bibel – Gott redet zu mir

## Gottes Wort – einzigartig, unübertrefflich

Das ist das Besondere an der Bibel: Hier spricht der, der dabei war, als die Welt und die Menschen geschaffen wurden. Er selbst schuf sie ja. Alle anderen Bücher in der Welt sind von Menschen geschrieben. Menschen können nur „philosophieren", sich ausdenken, wie es wohl gewesen sein mag. Nur Gott selbst kann schildern, wie es wirklich war. Richtiges, Genaues weiß nur der Schöpfer. So sind denn auch die Erklärungsversuche der Menschen ganz anders als der „Augenzeugenbericht Gottes". Sicher, auch die Bibel ist von Menschen geschrieben. Aber Gottes Geist hat sie beim Schreiben geleitet, inspiriert (2Tim 3,16; 2Petr 1,21). Wie die Schöpfung geschah, kann allein Gott wissen. Er war dabei. Gott formulierte es so einfach, dass schon ein Mensch vor 3000 Jahren es ebenso verstehen konnte wie der heutige Mensch.

Und so redet nun Gott zu uns durch die Bibel. Sie ist das Buch Gottes für unser ganzes Leben.

Wir lernen aus ihr unser Leben lang. Daher nenne ich sie folgendermaßen:

Ich erinnere mich: Es war Krieg. Die älteren Jahrgänge waren Soldaten geworden. So durften wir Jüngeren schon mit dreizehn im Jugendkreis dabei sein. Ich war mit Freude dabei. Ein oder zweimal im Jahr hatten wir dort eine gemeinsame „Weihestunde". Dann sagten wir das Gelübde des „Jugendbundes für entschiedenes Christentum" (EC) auf. Darin hieß es: „Ich will jeden Tag Gottes Wort lesen und beten. Und von dem Besuch des Gottesdienstes sollen mich nur solche Gründe abhalten, die ich vor meinem Herrn und Meister verantworten kann."

Das sprachen wir von ganzem Herzen. Seitdem lese ich jeden Tag einen Abschnitt in der Bibel, damals mit der Auslegung der „Lichtstrahlen", der Bibellesehilfe unseres Jugendbundes. Auch als ich wirklich viel Arbeit hatte, fand ich immer die Zeit zum Bibellesen. Ich musste nur manches Hobby streichen oder auf später verschieben.

Ich meinte es ernst mit der Weihestunde und der Bibellese. Aber eine echte „Bekehrung" war es für mich noch nicht. Die folgte mit 19 Jahren. Da erst war ich fest entschlossen, mein ganzes Leben unter der Herrschaft von Jesus zu führen. Erst von da an war wirklich klar: Ich bin ein Jünger und Nachfolger Jesu. Nun will ich alles lernen, was Gott mich im Alten und Neuen Testament lehrt. Im Laufe der Jahre merkte ich, dass es auch „Christen" gibt, die nur selten oder gar nicht die Bibel lesen. Und ich merkte, dass es meist Christen sind, die keine Überzeugung ausstrahlen und deren Glaube unklar ist. Und ich merkte: Eine Konfirmation und eine Weihestunde, auch Gottesdienste können zwar wichtige Schritte auf dem Weg sein. Aber Christ wird man erst, wenn das auch zur Entschlossenheit führt: Ich unterstelle mein Leben im Gebet der Herrschaft und Führung Jesu, will ihm gehören und gehorchen. Jesus zu gehorchen heißt auch, immer neu auf ihn zu hören.

Und nun schaue ich mir an, wie der Apostel Paulus die Jüngerschaft, die Schule bei Jesus sieht: In 2. Timotheus 3,13 schildert er die Entwicklung böser Menschen: Mit ihnen wird es stetig schlimmer. Dann schreibt er ab Vers 14 an Timotheus: „Du aber bleibe in dem, was du gelernt hast (von der Mutter und Großmutter) ... und dass du von Kind auf die Heilige Schrift kennst, die dich unterweisen kann zur Seligkeit durch den Glauben an Christus Jesus." Und nun begründet er: „Alle Schrift, von Gott eingegeben, ist nütze zur Lehre, zur Zurechtweisung (damit wir erkennen, was schiefläuft), zur Besserung, zur Erziehung in der Gerechtigkeit, dass der Mensch Gottes vollkommen sei, zu allem guten Werk geschickt."

Beachten wir: Timotheus war schon von der Mutter und Großmutter in der Heiligen Schrift unterrichtet. Aber nun soll er selbstständig und bewusst ein Schüler der Bibel werden. Nun soll der Schulunterricht Gottes mit dem göttlichen Schulbuch Herz, Verstand und Leben durchdringen und prägen, damit er ein „Mensch Gottes" wird, „zu allem guten Werk" zugerüstet. Unser Schulbuch Gottes, die Bibel, hat über 1000 Seiten. Kein Mensch kann das in einem Jahr wirklich durchstudiert haben. Wir bleiben Schüler des Wortes Gottes unser Leben lang. Deshalb: Geht nicht nach Lust und Laune oder nur, wenn Zeit übrig ist, in die Schule Jesu, sondern so regelmäßig, wie es ein Schüler tut. Weder meine Eltern noch meine Lehrer hätten Verständnis dafür gehabt, wenn ich nach Lust und Laune in die Schule gegangen wäre. So hätte ich keine Tüchtigkeit fürs Leben erlangt.

Das Schulpensum Gottes für uns ist noch wichtiger und umfangreicher als unser Lesebuch in der Schule. Ohne regelmäßig Schüler des Wortes Gottes zu sein, werden wir die Aufgaben, die Gefahren, die Versuchungen nicht meistern und das Ziel unseres Lebens nicht erreichen. Dann werden wir kein „Mensch Gottes" werden, „zu jedem guten Werk geschickt"!

Ich bin heute noch froh, dass wir, als unsere Kinder noch Schüler waren, morgens gemeinsam die Bibel lasen, bevor sie in die Schule gingen. Einige hatten schon gegessen, die anderen aßen anschließend. Aber wir fanden alle eine gemeinsame Zeit, wo wir um den Tisch herum saßen und reihum den täglichen Bibelabschnitt lasen. Es wurde ein Hauptgedanke gesucht, anschließend noch ein Gebet gesprochen – und ab ging es in die (sozialistische und damit gott-lose!) Schule. Da das über Jahre ging, hat es Eltern und Kinder geprägt. Wir fanden die Zeit – einfach, weil es uns wichtig war.

Ähnlich ist es mit dem Gottesdienst. Weil wir ja jeden Sonntag im Gottesdienst waren und unsere Kinder mitnahmen, war es für sie meist „selbstverständlich", zumal sie dort ja auch gute Freunde fanden und wiedertrafen. Und wenn sie mal nicht mochten, half meist eine Erklärung, wie wichtig uns Christen ein Gottesdienst in dieser gottfernen Welt ist. Daher gilt, was Jesus sagte: „Der Mensch lebt nicht vom Brot allein, sondern von einem jeden Wort, das aus dem Mund Gottes geht" (Mt 4,4).

Sehen wir es doch einmal so: Der Mensch lebt „von einem jeden Wort, das aus dem Mund Gottes geht". Gottes Wort ist also „Lebenskraft". Wer dieses Geheimnis erfasst hat, will nicht nur Leibeskraft haben und deshalb regelmäßig essen, sondern auch Lebenskraft für Geist und Seele, also innere Kraft, um das Leben zu meistern: Ehrlichkeit und Treue im Beruf, Dankbarkeit, Liebe und Fürsorge, Wahrheit und Zuwendung in der Familie, Hilfsbereitschaft für die Mitmenschen u. a. Das gibt uns dann sogar über die gestärkte Seele auch Kraft für den Leib. Wenn ich das glaube, dann stelle ich anderes so weit zurück, dass ich wirklich und regelmäßig die Zeit für das Hören auf Gottes Wort habe. Das führt zu einem Bibellesen aus positiver, dankbarer Motivation.

Beim Propheten Micha heißt es (6,8): „Es ist dir gesagt Mensch, was gut ist und was er HERR von dir fordert, nämlich Gottes Wort halten und Liebe üben und demütig sein vor deinem Gott." Das alles gibt uns genügend Gründe, regelmäßig Gottes Wort zu lesen.

Thomas Jefferson (1743–1826), dritter Präsident der USA, wird folgendes Zitat zugeschrieben: „Ich habe es immer gesagt und ich sage es immer noch, dass das andauernde Studium der heiligen Schrift bessere Bürger, Väter und Ehemänner machen wird."

Das ist gewiss: Einer Gemeinde, einer Familie, einem Volk kann nichts Besseres passieren, als dass es viele Bibelleser hat, die Gottes Wort regelmäßig lesen und ihr Leben davon bestimmen lassen. Da werden Herzen gereinigt, geheiligt, lauter und froh. Da geht es einem Volk gut!

Jesus sagt: „Wenn ihr bleiben werdet an meinem Wort, so seid ihr wahrhaftig meine Jünger und werdet die Wahrheit erkennen, und die Wahrheit wird euch frei machen" (Joh 8,31).

Eines steht fest: „Das Gras verdorrt, die Blume verwelkt, *aber das Wort unseres Gottes bleibt ewiglich*" (Jes 40,8; 1Petr

1,24f.). Und das gibt uns ein festes, zuversichtliches Herz. Graf von Zinzendorf hat dies so formuliert:

„Herr, dein Wort, die edle Gabe,
diesen Schatz erhalte mir;
denn ich zieh es aller Habe
und dem größten Reichtum für.
Wenn dein Wort nicht mehr soll gelten,
worauf soll der Glaube ruhn?
Mir ist's nicht um tausend Welten,
aber um dein Wort zu tun."

Und Christian Gregor hat folgende Strophe ergänzt:

„Halleluja, Ja und Amen!
Herr, du wollest auf mich sehn,
dass ich mög in deinem Namen
fest bei deinem Worte stehn.
Lass mich eifrig sein beflissen,
dir zu dienen früh und spat
und zugleich zu deinen Füßen sitzen,
wie Maria tat."

## Kapitel 8

# Das Leben „predigt“

Der ehemalige Ministerpräsident von Niedersachsen, Ernst Albrecht, sagte: „Das große Problem unserer Zeit ist nicht die Atombombe, sondern die Gottesferne. Wenn wir dieses Problem lösen, lösen wir auch die anderen Probleme.“[24]

Das spätrömische Reich war wohlhabend wie nie zuvor. Aus allen Ländern rund ums Mittelmeer flossen Steuern nach Rom, weil sie alle unter römischer Herrschaft standen. Nun konnten die Römer tun, was sie begehrten. Die Arbeit mussten ihre Sklaven tun. Um die Kinder kümmerten sich ihre Frauen. Für ihre sexuellen Bedürfnisse hatten sie ihre Sklavinnen. Und sie praktizierten alle Varianten von sexuellem Spaß. Ihre Triebe steuerten ihr Leben.

Da Kinder Arbeit und Kosten verursachen, hatte man sowohl ein Recht auf Abtreibung geschaffen als auch das Recht, schon geborene behinderte Kinder auszusetzen, sie also zu töten.

So hatten sie Zeit für ihre Vergnügungen. Ein Hauptvergnügen für sie waren die Gladiatoren-Kämpfe in einem riesigen Stadion. Wenn einer der beiden Schwertkämpfer blutend am Boden lag, schrie die Menge: „Hurra!“ Der Sieger erhob sein Schwert und schaute auf den Kaiser oder dessen Vertreter. Hob der den Daumen, hieß das: „Lass ihn leben.“ Senkte er den Daumen, hieß das: „Stich ihn tot.“ Ein Leben galt im Römischen Reich nichts.

Das traf auch auf die Kaiser selbst zu. Der Historiker Alvin J. Schmidt berichtet in seinem Buch „Wie das Christentum die Welt veränderte“[25]: Von den 50 Kaisern zwischen 27 v. Chr. bis 324 n. Chr. starben ganze 13 eines natürlichen Todes. Die übrigen 37 wurden entweder ermordet oder begingen Selbstmord. Arme und Schwache waren lästig und wurden an die Seite gedrängt.

An den Römern können wir gut sehen, wie es ist, wenn Menschen nur noch für Spaß und Vergnügen leben. Wo keine Gottesfurcht mehr existiert und die Menschen logischerweise (weil es ganz ohne Glauben nie geht) anderen Göttern nachlaufen, da schwinden Liebe und Wertschätzung für Gottes Schöpfung und seine Geschöpfe. Da wird das Gewissen unterdrückt. Da wird es lieblos, gefährlich und dunkel in einem Volk. Zuversicht und Freude weichen immer mehr.

Doch in dieser Zeit, also nach Jesus, wuchs die kleine Schar der Christen stetig an. Sie lebten alternativ: Statt in die Arena zu gehen, gingen sie in den Gottesdienst. Statt Schwertkämpfe zu erleben, hörten sie auf Gottes Wort. Väter und Mütter waren einander treu. Abtreibung lehnten sie ab. Denn das Leben war ihnen heilig, weil jeder Mensch zum Ebenbild Gottes geschaffen ist. Ihre Kinder erzogen sie zu Ehrlichkeit und Treue, zu Gehorsam und Fleiß. Und die Römer sahen mit Staunen: Wie die leben, das ist gut, besser als bei uns. Obgleich die Christen damals verachtet und verfolgt wurden, wuchs ihre Zahl ständig an. Sie haben nicht politisch gegen die Regierung opponiert. Sie haben „nur“ als Christen nach Gottes Willen gelebt, barmherzig, wahr und treu.

Als dann um das Jahr 324 sogar die ersten Kaiser Christen wurden, veränderte sich die Gesellschaft: Abtreibung wurde und blieb verboten. Bis ins 21. Jahrhundert, also 1700 Jahre lang, hat es unsere Kultur stabilisiert und dem Leben seine Würde gegeben. Kinder waren den Christen willkommen. Die grausame Todesstrafe durch Kreuzigung wurde verboten. Die Christen pflegten Kranke und Alte, Schwache und Hilflose.

Und so begann eine neue Epoche in Europa. Gewiss, wenn Christentum und weltliche Macht zusammentrafen, wurde es oft problematisch. Unter anderem deshalb hat das Ganze auch mancherlei Rückschläge erlebt. Aber dennoch begann die Liebe Christi zu wirken. Von da ab wurde Europa zu einer wirtschaftlichen und kulturellen Führungsregion in der Welt. Was Europa war, wurde es ganz stark durch das Christentum, durch Lehre und Leben Jesu, durch innere Werte. Nicht große Prediger, erst recht nicht Politiker oder Militärs haben das Römische Reich so grundlegend verändert. Gewiss auch sie, vor allem aber wirkte das Alltagsleben der Christen. Die Römer sahen: Wie die Christen leben, das ist gut.[26]

Genau das ist auch unsere Chance. Unser Leben predigt. Keiner kann sagen: Auf mich kommt es nicht an. Für jeden von uns gilt das Wort Jesu: „Ihr seid das Salz der Erde ... ihr seid das Licht der Welt“ (Mt 5,13f.).

Noch einmal Ernst Albrecht: „Das größte Problem für Deutschland und Europa ist die Gottesferne.“

Unser aller Leben ist mitverantwortlich für das Schicksal von Deutschland und Europa!

Kapitel 9

# Gott-losigkeit – alles verloren

Ist uns bewusst, dass die EU – mit Zustimmung der deutschen Regierung – Gott aus der Präambel seiner Verfassung herausgestrichen hat?[27] Das heidnische „Freude, schöner Götterfunken" („Ode an die Freude") dagegen wurde zur Europäischen Hymne erklärt. Gott-losigkeit in Europa – wir können sie auf den Straßen sehen und mit Händen greifen: Ratlosigkeit und Heillosigkeit an allen Ecken und Enden. Die Briten sind schon weggelaufen ...

In dem Maße, wie der Gott der Bibel aus dem öffentlichen Leben verbannt wird, wird sich Europa zurückentwickeln und die kulturellen Errungenschaften der letzten Jahrhunderte verlieren. Ohne die Gemeinde des Friedefürsten Jesus wäre die Wiedervereinigung unseres Volkes heute noch in weiter Ferne! Heute sind wir neu gefragt, ob wir in der Gottesferne oder im Gehorsam unter Gottes Herrschaft leben wollen. Das wird spürbar gute oder böse Auswirkungen für uns selbst und für die Völker Europas haben. Wir haben es doch erfahren: Ohne Gott zu leben ist gefährlich, weil es die Auflehnung des „Ebenbildes Gottes" gegen seinen Schöpfer ist. Der Kanzler der Einheit Deutschlands, Helmut Kohl, sagte 1994: „Ich glaube nicht, dass ein Land ohne Glauben an Gott Zukunft hat. In diesem Jahrhundert sind in Europa die totalitären Systeme, die von Staats wegen Gottlosigkeit propagierten, gescheitert." Kanzler Kohl hat recht. Das sage ich mit großem Schmerz.

Der Französischen Revolution 1789 ging eine weit verbreitete Abwendung von Gott und Kirche voraus. Philosophen priesen den Atheismus. Wohlstand, Spaß und Vergnügen wurden Motto und Ziel des Lebens. Denken wir nur an den gottlosen und verschwenderischen Lebensstil von Ludwig XIV in Frankreich. Die Folge: die Französische Revolution. Im Namen der Aufklärung durch die Vernunft floss viel unschuldiges Blut unter der Guillotine und auch in den nachfolgenden napoleonischen Kriegen. Danach folgte eine Periode geistlicher Erweckungen.

Doch ab 1850 kam erneut eine Gottlosenbewegung unter dem Einfluss von Marx und Engels auf, damit verbunden eine Abwendung von biblischen Werten. Weite Teile der Arbeiterschaft, aber auch der Intellektuellen wendeten sich von Gott und Kirche ab.

Der Erste Weltkrieg zeigte, wie weit Europa sich von Gottes Wort entfernt hatte. Nach dem Ersten Weltkrieg gab es nur ein kurzes Erschrecken und Besinnen. Dann kam es in den „goldenen 20er-Jahren" sehr bald erneut zur Abwendung von Gottes Ordnungen. Wieder wurden Spaß und Spiel das Lebensziel. Unter anderem dadurch kam die große Offenheit für den Nationalsozialismus, mit seinem Verführer Hitler und dem grauenhaften Zweiten Weltkrieg. Danach gab es wieder eine kurze Zeit der Besinnung. Die Kirchen waren voll. Aber schon ab 1968 – Deutschland hatte ein wahres Wirtschaftswunder erlebt – kam es wieder zur trotzigen Verachtung Gottes und seiner Ordnungen. Und wieder stand das Streben nach Luxus, Spaß und Spiel im Mittelpunkt.

1989 kam der ersehnte Fall der Mauer. Kirche war gut als Sammelbecken für eine friedliche Opposition. Es gab jedoch kaum einen Dank an Gott. Stattdessen jagten nun auch die Ostdeutschen dem westlichen Wohlstand und dem (West-)Geld nach.

Und all das wurde begleitet von dem Vernunftglauben in der Theologie und den Folgen der bultmannschen Radikalkritik an der Bibel, die alle Wunder der Bibel zu „Mythen" erklärte. Gott und sein Heil, die Ewigkeit und die Ehrfurcht des Geschöpfes vor seinem Schöpfer sind Europa fast völlig aus dem Blick geraten.

Für die Gemeinde Jesu Christi aber gilt: Seid entschiedene und erkennbare Nachfolger Jesu Christi. Lebt, wozu er euch bestimmt hat, nämlich Salz der Erde und Licht der Welt zu sein. Lebt barmherzige, ausstrahlende Liebe und einen Glauben mit Profil. Das allein hat Verheißung.

Deshalb singe ich mit Manfred Siebald:

„Es geht ohne Gott in die Dunkelheit,
aber mit Ihm gehen wir ins Licht.
Sind wir ohne Gott, macht die Angst sich breit.
Aber mit ihm fürchten wir uns nicht!

Als die Welt noch jung war,
noch die klaren Spuren Gottes trug,
wollten Menschen schon so klug
und ewig sein wie er.
Und bevor sie es versuchten,
fühlten sie sich stark genug,
doch wohin es führte,
merkten sie erst hinterher:

Lernen wir doch endlich
aus den Fehlern der Vergangenheit!
Fing nicht ohne Gott
die Flut von Leid und Kriegen an?
Floss nicht schon genügend Blut,
ist es nicht wirklich an der Zeit,
Gott zu suchen, der allein
uns Menschen ändern kann?

Gott, der uns nicht nötig hätte,
will doch ohne uns nicht sein,
auch wenn wir oft lieber
unsere eignen Wege gehen.
Er lässt uns nicht laufen,
lädt uns immer wieder zu sich ein.
Kann uns eigentlich
denn etwas Besseres geschehn?

Mehr noch als die Luft, die uns
umgibt und die uns leben lässt,
brauchen wir die Nähe
Gottes jeden Augenblick.
Und wer nicht ersticken will,
der macht am besten heute fest,
dass er mit Gott leben will,
dann lernt er Stück um Stück:

Es geht ohne Gott in die Dunkelheit,
aber mit ihm gehen wir ins Licht.
Sind wir ohne Gott, macht die Angst sich breit.
Aber mit ihm fürchten wir uns nicht!“[28]

Wenn jemand sich entschließt, Atheist zu sein, nimmt er sich damit auch die Freiheit, so zu leben, wie er will.

Aber auch das muss er sich klarmachen: Er zeigt seinem Schöpfer die kalte Schulter. Doch kommen ihm nicht auch Zweifel, wenn er tiefer darüber nachdenkt, dass er nur Materie und ganz allein durch Zufall entstanden sein soll? Unser Gehirn, das Gedächtnis, die Sprache, unser ganzes Nervensystem von Kopf bis Fuß, unser Herz, der Blutkreislauf mit den Adern, die die Tendenz haben, sich immer sofort wieder zu schließen, wenn sie verletzt sind – all das macht für mich sonnenklar: Wir sind weise, ja, genial geschaffen. Weiteres habe ich oben beschrieben. Alles durch Zufall entstanden? Das wäre ein wunderlicher Zufall, ein Zufall mit System.

Aber auch das sollte sich der Atheist ganz nüchtern klar machen:

Alles geht in seinem Leben totsicher auf null zu:
Die Lebenszeit geht auf null!
Die Gesundheit geht auf null!
Die Körper- und Geisteskraft geht auf null.
Der Wert seines Geldes geht für ihn auf null.
Die Hoffnung macht schon vorher der Resignation Platz.

Und wenn Gott dann doch da ist und er seinem Schöpfer begegnet – wie will er ihm dann Rechenschaft über sein Leben geben?

Manchem Menschen geht es wie Heinrich Heine: Als er noch gesund und unverschämt war, erhob er sich lächelnd über Gott. Aber Gott ist der Schöpfer, wir nur Geschöpfe. Gott ist Herr über alles, und wir stehen unter ihm, gehen unaufhaltsam dem Tod entgegen! So holt Gott jeden Menschen herunter von seinem „Wolkenkuckucksthron"!

Je älter wir werden und an Krankheit und Tod denken müssen, desto unabweisbarer, still und „natürlich" steht es vor uns: Bereite dich vor und begegne deinem Gott!

Pastor Wilhelm Busch berichtet in dem Büchlein „Unter Menschen"[29] von einem Mann, der bei jeder Gelegenheit Christentum, Kirche und Pastoren verhöhnte. Als Pastor Busch ihn zum Gespräch aufsuchte, sagte er lachend: „Geben Sie sich keine Mühe mit mir! Ich habe den Schwindel längst durchschaut. Ihr Pfarrer seid entweder selber dumm oder aber ihr seid von irgendwelchen Mächten angestellt, die Leute dumm zu machen." Pastor Busch erwiderte: „Gott lebt! Und Sie selbst werden einmal vor ihm stehen." Der Mann lachte schallend: „Das ist so ein Hauptwitz von euch Pfarrern, dass ihr den Leuten Angst macht mit dem, was nach dem Tode kommt." Pastor Busch entgegnete: „Das ist auch eine ernste Frage. Das begreifen Sie vielleicht eines Tages, wenn es ans Sterben geht." Der Mann wurde ganz feierlich und erklärte: „Hören Sie gut zu: Niemals – noch einmal: Niemals werde ich Sie brauchen. Ich gehöre nicht zu den armseligen Leuten, die im Sterben auf einmal nach Gott rufen. Ich kann und werde ohne Sie sterben. Sterben ist die natürlichste Sache der Welt. Natürliche Vorgänge brauchen nicht so ein Brimborium, wie ihr es um das Sterben anzustellen beliebt."

Etwa ein Jahr später wird Pastor Busch mitten in der Nach aus dem Bett geklingelt. Draußen steht die Frau dieses

Mannes und bittet ihn aufgeregt, mit ihr zu kommen, ihr Mann sei seit einiger Zeit krank. Nun habe der Arzt keine Hoffnung mehr. Es gehe mit ihm zu Ende. Pastor Busch erwidert: „Ihr Mann hat mir ausdrücklich gesagt, er will mich nicht an seinem Sterbebett sehen. Ich kann doch nicht zu ihm gehen, wenn er mich unter keinen Umständen sehen will." Darauf rief die Frau mit Zittern: „Kommen Sie schnell! Er hat mich ja selber nach Ihnen geschickt. Er sagt immerzu: ‚Der Pfarrer hat doch recht gehabt! Der Pfarrer hat doch recht gehabt!'" Doch als die beiden an sein Bett traten, war der Mann schon bewusstlos, ist auch nicht mehr aufgewacht.

Es wäre jedem Menschen heilsam, sein Leben mal vom Ende her zu bedenken, so wie Heinrich Heine, der angesichts von Krankheit und Anzeichen vom Ende seines Lebens seinen Spott über Gott und Christentum öffentlich bereute.

Christen sind nicht unbedingt besser. Auch sie sind Sünder. Aber sie haben es besser: Vergebung ihrer Sünden und die Zusage Jesu: „Ich gehe euch voraus und bereite euch die Wohnung in meines Vaters Haus." Und Jesus verspricht uns: „Ich bin die Auferstehung und das Leben. Wer an mich glaubt, wird leben, auch wenn er stirbt; und wer da lebt und glaubt an mich, der wird nimmermehr sterben" (Joh 11,25f.).

Ganz anders erlebte Pastor Wilhelm Busch das Sterben seines Vaters, der auch Wilhelm hieß und zu seiner Zeit ein bekannter, gesegneter Seelsorger gewesen war: „Die letzte Nacht war für den Leidenden besonders schwer. Aber die selige Ewigkeit leuchtete so hell herein, dass diese Herrlichkeit unbeschreiblich war … Da richtete der Vater sich auf: ‚Meinst du, das Heimgehen sei so nah? Das wäre aber schön! Das wäre schön! Das wäre schön – sind wir allein, dann wollen wir zuerst miteinander beten. Aber danken.‘ Dann nahm er Abschied. An alle Bekannten und Freunde trug er Grüße auf: ‚Sag's ihnen allen, sie sollen sich auch ganz bekehren – nicht erst auf dem Sterbebett! Sag's doch allen, wie glücklich und selig mich der Heiland im Leben und Sterben gemacht hat.'… Alle empfanden, was seine Frau in jenen Tagen schrieb: ‚Das Sterben meines Mannes war so selig, dass ich noch nicht trauern kann. Es ist mir noch, als stehe ich an der offenen Himmelstür und genieße mit, was kein Auge gesehen hat und kein Ohr gehört hat und in keines Menschen Herz gekommen ist, was Gott bereitet hat denen, die ihn lieben.'“[30]

Das sollte auch uns wichtig sein, dass wir am Ende bei Jesus ankommen und möglichst viele mitbringen! Wer ganz gewiss dort ankommen will, sollte Weg und Ziel und Zeit nicht vertrödeln. Er sollte entschlossen das Ziel ins Auge fassen und sich entscheiden: Ich will den Weg gehen, der zu Gott führt. Das nennt die Bibel: Buße tun, umkehren, sich bekehren. Denn: Gott schuf uns Menschen zu seinem Bilde, zum Bilde Gottes schuf er uns, also von Gott, für Gott, zu ihm hin.

Kapitel

10

# Gesundes, heilendes Christenleben

Wisst ihr, was den Christen aller Jahrhunderte eine starke innere Kraft und ein stetes Wachstum gab trotz aller Widerstände? Der Arzt und Historiker Lukas gibt uns einen Bericht von der ersten christlichen Predigt am Pfingstfest nach der Himmelfahrt Jesu. Sie endete mit der Aufforderung des Apostels Petrus an die Hörer: „Tut Buße und ein jeder von euch lasse sich taufen auf den Namen Jesu Christi zur Vergebung eurer Sünden, so werdet ihr empfangen die Gabe des Heiligen Geistes“ (Apg 2,38).

In einer bewussten Willensentscheidung hatten sich „etwa dreitausend Menschen“ entschlossen, Jesus Christus zu folgen und sich taufen zu lassen. Damit hatte ihr Leben als Christen begonnen. Und nun schreibt Lukas von den ersten Christen in der Apostelgeschichte 2,42: „Sie blieben aber beständig in der Lehre der Apostel und in der Gemeinschaft und im Brotbrechen und im Gebet.“

Das sind die vier Grundbedingungen geistlichen Lebens: *Die Lehre der Apostel,* das Wort des Alten und Neuen Testaments; die liebevolle *Gemeinschaft,* Anteil nehmen, Anteil geben, auch materiell und finanziell; das *Brotbrechen* oder Abendmahl, persönliche Gemeinschaft mit dem Herrn Jesus und untereinander, die zugleich auch die innere Teilnahme am Leiden und an der Auferstehung Jesu ist, und das *Gebet,* persönlich und miteinander.

Diese vier Grundbedingungen sind die Lebensmittel, auch für unser geistliches Leben.

Aber noch eines: *Sie taten das beständig.* Was wir beständig tun, prägt uns und alles, was wir tun. Es formt unseren Charakter. Das gibt auch unserem Glauben Gesundheit und Ausstrahlungskraft.

So ist es kein Wunder, dass es dann weiter heißt: Sie „fanden Wohlwollen beim ganzen Volk. Der Herr aber fügte täglich zur Gemeinde hinzu, die gerettet wurden" (2,47).

So ist es auch in Deutschland durch Luther und manche geistlichen Aufbrüche geschehen.

Das *Jahr 1789* war für Europa ein Schicksalsjahr: In Frankreich brach die Revolution aus.

In England dagegen begann der Kampf gegen den Sklavenhandel sowie eine deutliche Erneuerung der Sitten und Kultur.

Beide Ereignisse hatten ihre Vorgeschichte: In Frankreich bekam die radikale Aufklärung die Oberhand, die auf die von Gott gelöste menschliche Vernunft setzte und den biblischen Glauben bekämpfte. In Paris baute man der „Göttin Vernunft" einen Tempel. Kirche wurde verboten. Nun trat die menschliche Vernunft an die Stelle Gottes. Von vielen Gelehrten, auch in Deutschland, zunächst freudig begrüßt, endete die Französische Revolution in massenhaften Hinrichtungen, in Blut und Tränen und tiefer Enttäuschung. Im weiteren Verlauf folgten dann die napoleonischen Kriege über das ganze europäische Festland bis nach Moskau hin. Wie viel Leid hat die antichristliche, sich auf die menschliche Vernunft berufende Aufklärung über Europa gebracht!

In England dagegen entstand eine christliche Erweckungsbewegung, d. h. ein Erwachen traditioneller Namenschristen zu einem lebendigen christlichen Glauben. Das geschah durch mutige, kraftvolle Verkündiger des Evangeliums wie *John* und *Charles Wesley* und *George Whitefield* u. a. Viele Menschen fanden durch sie und andere Verkündiger zu einem persönlich wachen und aktiven Glaubensleben, zunächst verspottet unter dem Begriff „Methodisten". Doch immer mehr traditionelle Christen bekehrten sich und begannen ein wirklich bibelgemäßes Leben. Das wurde schließlich eine stark wachsende Bewegung, die England nachhaltig prägte. Und das hatte positive Auswirkungen auf die ganze Gesellschaft und veränderte ihre Kultur und die Sitten so, dass man von einer wirklichen christlichen Erweckung sprechen kann.

In diesem Rahmen fand auch der junge, reiche und redegewandte Parlamentarier *William Wilberforce* seine Berufung. Als er zum persönlichen biblischen Glauben gefunden hatte, sah er sein Parlamentsmandat als Chance für den Kampf zur Erneuerung der Sitten, für das Verbot des Sklavenhandels und schließlich auch für das Verbot der Sklaverei überhaupt im gesamten Empire. Wilberforce gewann aus seiner entschlossenen Unterordnung seines ganzen Lebens unter die Herrschaft von Jesus ganz neue Lebenskräfte und Lebensziele zum Wohl seiner Mitmenschen.

Nach seiner Umkehr zu Gott schrieb Wilberforce in sein Tagebuch: „Der allmächtige Gott hat mir zwei große Ziele vor Augen gestellt: die Bekämpfung des Sklavenhandels und die Reformation der Sitten." Eric Metaxas schreibt über ihn: „War also Wilberforce' erstes großes Ziel die Abschaffung des Sklavenhandels, so bestand das zweite darin, alle anderen

Formen von Missbrauch und Ausbeutung von Menschen in der Gesellschaft anzugehen. In Großbritannien begegnete man Elend und Dekadenz, wohin man auch blickte, und die ‚Reformation der Sitten' war Wilberforce' Versuch, diesen ganzen Wust sozialer Probleme anzugehen."[31]

Metaxas führt das weiter aus und listet die Hauptmissstände auf, besonders die Kinderarbeit: Bereits Fünfjährige wurden bis zu zwölf Stunden am Tag für gefährliche Arbeiten eingespannt. Dazu kam der Alkoholismus, der unvorstellbare Ausmaße annahm. „Mehr oder weniger die ganze Nation trank, und Hilfe war nicht in Sicht. In den oberen Etagen der Gesellschaft lebte man im Rotwein-Dauerrausch (viele Abgeordnete erschienen betrunken zu den Sitzungen des Parlaments), und die unteren Schichten besoffen sich mit Gin." Dann beschreibt Metaxas die sexuellen Auswüchse: Prostitution – sie betraf bis zu 25 % der alleinstehenden Frauen, Durchschnittsalter 16 Jahre. Dazu kamen grausame Tierkämpfe, manchmal auch eine öffentliche Hinrichtung. Wilberforce bekam durch seine Bekehrung einen ganz neuen Blick: „... dass Gott ein Gott der Gerechtigkeit war, der uns einmal dafür zur Rechenschaft ziehen würde, wie wir mit unseren Mitmenschen umgegangen waren, dass jeder Mensch zu Gottes Bild erschaffen war und daher zutiefst Achtung und Liebe verdient, und dass es bei Gott kein Ansehen der Person und keinen Unterschied zwischen Reich und Arm gab."

Die Erkenntnis der Wirklichkeit Gottes und seiner Liebe zu den Menschen änderte alles für Wilberforce. „Plötzlich erschien ihm der Sklavenhandel, ja, das ganze Phänomen der Sklaverei nicht mehr als wirtschaftlich notwendiges Übel, sondern schlichtweg als böse. Plötzlich war es verwerflich, dass Kinder den ganzen Tag unter schlimmsten Bedingungen arbeiten mussten. Plötzlich war die Praxis, Menschen für die läppischen Vergehen in verdreckte Gefängnisse zu stecken, wo sie ohne medizinische Hilfe an hundert Krankheiten sterben konnten, ein Übel, das abgestellt gehörte. Und es war nicht mehr hinnehmbar, dass Frauen ihren Körper verkaufen mussten, um ihr Brot oder ihren Gin (oder den ihrer Zuhälter) zu finanzieren. Zum ersten Mal in seinem Leben sah Wilberforce die Welt durch Gottes Brille." Aber Wilberforce stand allein in seiner Umgebung, da fast niemand dies teilte. Wie sollte er die Aufgabe meistern, die er erkannt hatte? Er war sich bewusst, dass er dies auf sich gestellt niemals bewältigen konnte. Ohne Gottes Wirken war er machtlos. Und bevor er sich an sein Werk machte, brauchte er eine tiefe innere Überzeugung, „die tiefe innere Gewissheit, dass Gott ihn berufen hatte. Ohne diese Gewissheit hätten die schiere Größe der Aufgabe und die vielen Rückschläge ihn überwältigt. Aber weil er wusste, dass Gott ihm diese Aufträge gegeben hatte, wusste er, dass dies Gottes Kampf war, nicht sein eigener. Er brauchte lediglich Gott zu gehorchen, in dem Wissen, dass Gott selbst den Sieg erringen würde."

Ein Brief von dem 87-jährigen John Wesley ermutigte ihn. Wesley schrieb von seinem Sterbebett: „Wenn Gott Sie nicht genau dazu berufen hat, wird der Widerstand von Menschen und Teufeln Sie zermürben. Aber ist Gott für Sie, wer kann wider Sie sein? Sind denn sie alle zusammen stärker als Gott? Oh, werden Sie nicht müde, Gutes zu tun! Gehen Sie im Namen Gottes und in der Stärke seiner Macht weiter voran, bis selbst die amerikanische Sklaverei (die übelste, welche die Sonne je sah) davor verschwinden wird."

Die Zitate und Ausführungen Metaxas zeigen den wesentlichen Unterschied zwischen Frankreich und England in dieser Zeit:

In *Frankreich* wollte man die Gesellschaft durch die menschliche *Vernunft* verändern. Vernunft ist zwar gut und wichtig. Aber Vernunft ohne Gewissen und Gewissen ohne Bindung an Gott verändern nicht das Herz des Menschen. Der Mensch bleibt ein Egoist und Sünder. Die Französische Revolution zeigt deutlich: Es fehlten die göttlichen Maßstäbe wie Liebe, Barmherzigkeit, Recht und Respekt vor der Würde jedes Mitmenschen, weil jeder zum Ebenbild Gottes geschaffen wurde.

Durch den christlichen Glauben in *England* jedoch wurden die *Herzen verändert:* Liebe zum Nächsten, Ehrlichkeit, Treue und Gehorsam gegen Gottes Gebote. Diese inneren Kräfte, wo sie gehorsam gelebt werden, verändern den Menschen in der Tiefe. Das hatte den Engländern eine heilsame christliche Kultur zurückgebracht, hatte England aus dem Dunst der Gottlosigkeit und Sittenlosigkeit herausgeführt. Gott gebrauchte den mutigen Christen William Wilberforce und seine Mitchristen, um den Sklavenhandel – und bald auch die Sklaverei – im englischen Empire zu überwinden und auch die verirrte, gefühlsarme Kultur im Lande zu verändern. Durch die wachsende methodistische Erweckungsbewegung gewann Wilberforce nach und nach immer mehr Unterstützer, auch im Parlament.

18 Jahre lang, von 1789 bis 1807, hatte William Wilberforce beharrlich im Parlament für das Verbot des Sklavenhandels gekämpft. Und als das endlich durchgesetzt war, kämpfte er weiter gegen die Sklaverei im ganzen englischen Empire. 1833 wurde auch die Sklaverei überhaupt im

Empire verboten. Alle Sklaven wurden für frei erklärt, drei Tage vor dem Tod von William Wilberforce.

Etliche Historiker sind überzeugt: Die christliche Erweckung hat England vor dem Schicksal Frankreichs bewahrt, dass es nicht auch dort zu einer blindwütigen, blutigen Revolution kam. Dabei denke ich: Auch die englische Erweckung war von Vernunft geprägt, aber von der Vernunft, die sich am Willen Gottes orientiert. Die französische dagegen hat sich bewusst von Gott distanziert und vom menschlichen Eigenwillen bestimmen lassen – und damit die Welt verdunkelt.

Jesus sagt zu seinen Jüngern: „Ihr seid das Salz der Erde ... Ihr seid das Licht der Welt" (Mt 5,13f.). Sind wir das heute auch? Sind wir gehorsame Bibelleser, Beter und Zeugen für unseren Herrn?

Ich freue ich mich immer wieder neu im Advent über die dritte Strophe im Lied „Macht hoch die Tür":

„O wohl dem Land, o wohl der Stadt,
so diesen König bei sich hat.
Wohl allen Herzen insgemein,
da dieser König ziehet ein.
Er ist die rechte Freudensonn,
bringt mit sich lauter Freud und Wonn.
Gelobet sei mein Gott,
mein Tröster früh und spat"![32]

Und danken will ich an jedem Tag des Jahres dafür, dass dieser König auch mein Herr ist!

Kapitel 11

# Was das Leben weit und reich macht

Liebe Freunde, wisst ihr, was unserem Leben einen weiten Horizont gibt und unserem Herzen eine stille, tiefe Freude? Wenn wir aus unserem reichen Deutschland etwas abgeben an Menschen, die nicht einmal das Nötigste zum Leben haben.

Tapfere Missionare, Entwicklungshelfer und Fachleute tun in den Armutsgebieten der Welt einen oft schweren, aber wichtigen Dienst, wo schreiende Not herrscht. In vielen Fällen könnten sie effektiver und wirksamer helfen, wenn sie mehr Finanzen hätten. Und wir bekämen einen weiten Horizont, wenn wir den Helfern dort die Hände füllen würden.

Viele Hilfsorganisationen lassen jährlich ihre Finanzen prüfen, damit die Spender ihnen vertrauen können und sicher sind: Unser Geld kommt dort gut an. Geben, spenden, opfern ist seit Urzeiten ein Merkmal christlichen Glaubens gewesen.

Jesus fordert uns auf:

> „Ihr sollt euch nicht Schätze sammeln auf Erden, wo sie die Motten und der Rost fressen und wo die Diebe einbrechen und stehlen. Sammelt euch aber Schätze im Himmel, wo sie weder Motten noch Rost fressen und wo die Diebe nicht einbrechen und stehlen. Denn wo dein Schatz ist, da ist auch dein Herz.“
> (Mt 6,19-21)

Das hat Jesus deutlich gemacht an der Beispielerzählung vom barmherzigen Samariter (Lk 10,25-37). Der reitet von Jerusalem hinab nach Jericho. Plötzlich sieht er einen Mann mit blutenden Wunden am Boden liegen. Da passiert etwas im Herzen des Samariters: „Als er ihn sah, jammerte es ihn." Er steigt ab, reinigt die Wunden des Überfallenen mit Wein und Öl, hebt ihn auf sein Tier und schafft ihn in eine Herberge. Dort gibt er dem Wirt zwei Silbergroschen mit der Bitte, ihn zu pflegen. Auf der Rückreise will er erstatten, wenn die zwei Silberstücke nicht reichen. Was mag in dem Samariter vorgegangen sein, als er sich abends verspätet und müde ins Bett legte? Ich bin sicher, er war tief im Herzen froh. Immer, wenn wir Gutes tun, kommt ein Lichtstrahl von Freude und Dankbarkeit in Herz und Gemüt. Er durfte einem Menschen in Not helfen, ihm vielleicht sogar das Leben retten. Andere, sogar Fromme, waren vorübergegangen mit mehr oder weniger schlechtem Gewissen. Ob sie darüber ruhig wurden?

Und heute? Hunderte, ja, Tausende hilfsbedürftige Menschen liegen an unserem Wege, vielleicht nicht so sehr in Deutschland. Aber heute sind uns ferne Kontinente nahe gerückt. In Asien und Afrika, in Südamerika und Osteuropa leiden Menschen, auch unsere christlichen Brüder und Schwestern, bittere Not. Und wir haben das vor Augen in den Medien. Die Menschen in den Flüchtlingslagern haben unbeschreiblichen Mangel: Kleidung, Decken, Ernährung, sanitäre Einrichtungen – alles fehlt. Schauen wir hin? Schauen wir weg? Lesen wir weiter, wenn wir die Briefe mit den Bitten um Spenden erhalten? Was haben die Menschen dort für eine Perspektive, wenn Heuschrecken die Felder kahlgefressen haben? Was bleibt Menschen übrig, wenn

Terrorgruppen ihr Dorf verwüstet und den Ernährer umgebracht haben? Was soll aus Kindern werden, die weder Schule noch Ausbildung bekommen? „Jammert es uns“, wie damals den Samariter? Geht es uns durchs Herz? Bewegen wir die Not unserer Welt vor Gott im Gebet – oder sind uns eigener Wohlstand und Wohlergehen wichtiger? Brennt unser Herz oder ist es kalt? Dabei kann es richtig glücklich machen, Notleidenden zu helfen. Unser Geld kann in Afrika Menschen helfen, ja, Menschenleben retten. Den Missionaren und Entwicklungshelfern dort müssen die Hände gefüllt werden, damit ihre Arbeit wirksam hilft.

Kann man sich auf Erden schon Schätze für den Himmel sammeln? Es fällt auf, dass Jesus es nicht weiter erklärt. So können wir selbst überlegen. Dabei verbindet uns jetzt schon etwas Entscheidendes mit dem Himmel: „Die Liebe Gottes ist ausgegossen“ in das Herz aller Glaubenden (Röm 5,5). Das ist nicht die menschliche, weltliche Liebe, die selbst haben und besitzen will, sondern die göttliche Liebe, von der es in Johannes 3,16 heißt: „Also hat Gott die Welt geliebt, dass er seinen eingeborenen Sohn *gab,* auf dass alle, die an ihn glauben, nicht verloren werden, sondern das ewige Leben haben.“ Diese göttliche Liebe regiert im Himmel bereits alles, aber es beginnt schon hier auf dieser Erde für uns, wenn wir an Jesus gläubig werden. Das ist schon genug an himmlischem Schatz. Aber sicher gehört zu dem Schatz, von dem Jesus spricht, auch, dass wir uns hier schon und dann dort herzlich freuen über alle Liebe, die wir hier auf Erden weitergeben durften.

Stellt euch nur mal vor, welche Chancen wir hier auf Erden schon haben: In unserem Geld steckt Kraft, um Gutes zu tun und Liebe zu üben. Nur ein paar Beispiele dazu:

*August-Hermann Franke* in Halle hat seinerzeit Waisenkindern nicht nur Unterkunft und Nahrung gegeben, sondern ein bedeutendes Schul- und Ausbildungswerk geschaffen. Das wurde zum Vorbild für viele andere, etwa *Georg Müller* in England oder *Johannes Daniel Falk* in Weimar. Ein Strom von Liebe und Hilfe ging aus von *Wichern* und vielen anderen. *Eva von Thiele-Winkler* gab ihr Millionenerbe hin, um mit ihren Diakonissen in ganz Deutschland familiäre Waisenhäuser einzurichten. Sie alle – und viele andere noch dazu – schufen bedeutende Liebeswerke, die weit über ihr eigenes Vermögen hinausgingen. *Friedrich von Bodelschwingh* schätzte besonders die vielen kleinen Spenden von Menschen mit oft bescheidenem Einkommen. Er meinte, dahinter viel Liebe und Gebet zu erkennen. Es wurde Großes daraus. Mehrere Tausend Obdachlose fanden in Bethel, Lobetal und deren Außenstationen zurück zu Arbeit und Familie. Lasst es uns auch heute als Chance sehen, wenn Bitten um Spenden in unser Haus kommen.

Dein und mein Geld kann z. B. mithelfen,

- dass in Afrikas Dörfern Brunnen gebohrt werden, um gesundes Wasser zu gewinnen,
- dass Familien einen Sandfilter erhalten zum Reinigen von verseuchtem Trinkwasser,
- dass ein von Terroristen zerstörtes Dorf wiederaufgebaut wird,
- dass Menschen notfalls anderswo einen Neuanfang finden,
- dass gefangene Christen Rechtsbeistand erhalten,
- dass Erdbebenopfer gepflegt werden oder dass sie ihr Haus oder ihre Hütte neu aufbauen können.

Und dann geht es ja auch in unserer Gemeinde weiter: Freikirchen und Gemeinschaftsleute müssen ihre Prediger und Mitarbeiter bezahlen. Gemeindehaus und Räume müssen geheizt und gepflegt werden, Kollekten werden gebraucht, auch für die Kinder-, Jugend- und Altenarbeit, für Fahrtkosten, die entstehen, usw. Dazu kommt die missionarische Diakonie- und Vereinsarbeit.

Da wird klar: Wir müssen auswählen, nach bestem Wissen und Gewissen, so wie Jesus es uns wichtig macht. In dem allen gilt das Wort Jesu: „Wo dein Schatz ist, ist dein Herz“ (Mt 6,21). Aber auch das gilt: Wo dein Herz ist, da gibst du gern.

Wie viel sollte ein Christ denn spenden? Da gilt zunächst: Jede Spende ist freiwillig, sonst wäre es eine Steuer und keine Spende. Einen gewissen Richtwert gibt das Alte Testament in seinem letzten Kapitel, beim Propheten Malcachi (3,10). Dort heißt es:

> „Bringt die Zehnten in voller Höhe in mein Vorratshaus, auf dass in meinem Hause Speise sei, und prüft mich hiermit, spricht der HERR Zebaoth, ob ich euch nicht des Himmels Fenster auftun werde und Segen herabschütten die Fülle.“

Der „Zehnte“ wäre dann 10 Prozent unseres Einkommens.

Bei Paulus sehen wir, wie er sich mit großem Ernst dafür einsetzt, dass Christen und Gemeinden einander nicht in Not geraten lassen, sondern sich gegenseitig helfen und stärken. Schon im 1. Korintherbrief (16,2) wird deutlich, dass Paulus in Griechenland und Kleinasien eine langfristig geplante Sammlung für die in Jerusalem verarmte Gemeinde vorbereitet. Sein Maßstab: „Ein jeder (lege) von euch bei sich etwas zurück und sammle an, so viel ihm möglich ist." Und im 2. Korintherbrief nutzt Paulus die Kapitel 8 und 9, um eine geordnete, effektive Sammlung für die Christen in Jerusalem in Gang zu bringen. Die Spendenbereitschaft der christlichen Gemeinden ist für Paulus eine Frage geistlichen Lebens und geistlichen Wachstums. So schreibt er in 2. Korinther 9,6:

> „Ich meine aber dies: Wer da kärglich sät, der wird auch kärglich ernten; und wer da sät im Segen, der wird auch ernten im Segen. Ein jeder, wie er sich's im Herzen vorgenommen hat, nicht mit Unwillen oder aus Zwang; denn einen fröhlichen Geber hat Gott lieb. Gott aber kann machen, dass alle Gnade unter euch reichlich sei, damit ihr in allen Dingen allezeit volle Genüge habt und noch reich seid zu jedem guten Werk."

Viele Christen sehen Maleachi 3,10 als einen guten Richtwert auch für uns heute und geben den zehnten Teil ihres Einkommens für die christliche Liebesarbeit im In- und Ausland. Und viele, die es so oder ähnlich tun, bezeugen, dass sie dabei finanziell nicht arm geworden sind, sondern belohnt wurden an Leib und Seele. Gott lädt ja gerade dazu ein, ihn zu prüfen, ob er uns „nicht des Himmels Fenster auftun werde und Segen herabschütte die Fülle". Und viele haben es erlebt: Gott tut es wirklich. Kein Mensch wird arm, der die Liebe Gottes in dieser Welt weitergibt und Gott beim Wort nimmt.

Das gaben wir natürlich auch unseren Kindern weiter. Am Jahresende hatten sie sogar Freude daran, ihre Sparbüchsen zu leeren und „den Zehnten", also 10 Prozent, für „Brot für die Welt" geben. Da zählte dann z. B. eines seine Groschen zusammen: 87 Mark. Dann rechnete es selbst aus, die Familie rechnete mit, wie viel der Zehnte ist: 8,70 Mark. Die durfte es dann für hungernde Menschen geben. Unscheinbar wenig? Keineswegs. Denn nach DDR-Maß gab es für 8,67 Mark 17 Vollkornbrote zu je 51 Pfennige. Und alle freuten sich mit.

Ein Wort von Tersteegen war der Wahlspruch unserer Mutter:

„Reich ist, wer viel hat,
reicher ist, wer wenig braucht,
am reichsten ist, wer viel gibt."

Kapitel

12

# Eine kleine „Philosophie des Universums“

Wir wissen, dass unsere Erde ein klitzekleiner Teil des riesigen Universums ist. Wir Menschen sind stolz, dass wir über viele Jahrhunderte hin wichtige Grundstrukturen und Gesetze unserer Erde erforscht haben.

Die Naturgesetze sind für uns unveränderlich, zum Glück. Denn ohne sie würde ja alles durcheinander gehen, gäbe es keine Ordnung in der Welt. Der Schöpfer der Welt jedoch, der die Welt und ihre Naturgesetze erst geschaffen hat, steht über den Gesetzen der Welt. Wenn nun wir mit den Maßstäben unserer beschränkten Welt das ganze Universum messen, ist das nicht Dummheit, ja, Wahnwitz? Wäre das nicht so, als wenn ich mit einem Zollstock den Atlantischen Ozean ausmessen wollte? Wer weiß denn, was es im Universum noch alles gibt! Es ist doch wahrscheinlich – ja, geradezu sicher –, dass es im Universum mehr gibt als nur das, was wir auf der Erde vorfinden.

„Gott gibt es nicht“, sagen viele Zeitgenossen mit ihrem kleinen Horizont dieser Erde. „Wunder sind Mythen“, also nicht wirklich geschehen, sagen „moderne“ Theologen. Sie wenden wie die Atheisten und auch Rationalisten (Vernunftgläubige) die klitzekleinen irdischen Verhältnisse auf Gott und sein unermessliches Universum an. Damit sind sie unfähig, das biblische Evangelium von Jesus Christus zu verstehen und seine Größe zu erfassen. Jesus nennt sie „blinde Blindenführer“.

Denn trotz aller Fortschritte der modernen Wissenschaft können wir Erdenbürger nichts über Anfang und Ende, über Sinn und Ziel dieser kleinen Erde sagen, auch nichts über das Universum und den Schöpfer. Keiner hat Gott je gesehen. Keiner war dabei, als die Welt entstand oder gar das Universum. Da sind wir ganz und gar darauf angewiesen, dass der Schöpfer selbst uns sagt, was Fakt ist. Er allein kann uns das Wesentliche über unsere Welt, über das Universum und über sich selbst offenbaren, sonst niemand. Und er hat dafür gesorgt, dass die Bibel entstand. In ihr lässt er uns mitteilen, was wir wissen müssen, um als Menschen und als Gottes Ebenbild zu leben. Er allein kann sagen, wie wir zu ihm zurückfinden, wie wir als verirrte, sündige Menschen Versöhnung und Frieden mit ihm finden, ja, wie wir Gottes Kinder werden können, nämlich durch den Opfertod Jesu am Kreuz. Er allein kann sagen, wie wir leben sollen und was er verabscheut. Seine Gebote ordnen unser Leben. Alles, was wir wissen müssen, um unserer Berufung gemäß am Ende unseres Lebens bei Gott anzukommen, hat er uns in der Bibel aufschreiben lassen. Der Dichter des Psalms 119 bringt es auf den Punkt: „Dein Wort ist meines Fußes Leuchte und ein Licht auf meinem Wege" (V. 105).

Gewiss, Menschen haben vieles und Großes erforscht auf dieser Erde. Aber was ist schon unsere Menschenweisheit gegenüber der Weisheit des Schöpfers aller Dinge! Klitzeklein ist unser Erdenhorizont. Unermesslich groß dagegen, was unser Schöpfer uns zu sagen hat.

Kein Mensch kann einfach auf dem Wasser gehen oder Wasser zu Wein werden lassen. Aber der Schöpfer des Universums ist doch nicht an unsere Begrenzungen gebunden!

Alle Materie ist letztlich Energie, sagen uns heutige Wissenschaftler. „Unglaublich!", sagen wir. Und doch müssen wir es wohl glauben. Und diese Energie kommt von Gott. Die Bibel sagt: Alles, was man sieht, ist aus nichts geworden (Hebr 11,3), einfach durch Gottes Schöpferwort.

Wer mit offenen Augen durch die Welt geht, kann heute schon genügend Wunder erkennen, um mit Gewissheit an Gottes Größe und Allmacht, an seine Allwissenheit und Fürsorge zu glauben. Wer dagegen das ganze Universum oder gar Gott selbst in das enge Raster unserer irdischen Maßstäbe pressen will, bringt sich selbst in so viele Widersprüche, dass es ihm unmöglich ist, Gott zu finden.

Die Bibel jedoch sagt es eindeutig: Gott ist nicht ein Teil dieser Welt, sondern er steht weit über ihr. „Ach, HERR, siehe, du hast Himmel und Erde gemacht durch deine große Kraft und durch deinen ausgereckten Arm, und es ist kein Ding vor dir unmöglich" (Jer 32,17).

Welch eine Gotteskraft steht hinter dem Wort des Auferstandenen: „Mir ist gegeben alle Gewalt im Himmel und auf Erden", und dann die großartige Zusage: „Und siehe, ich bin bei euch alle Tage bis an der Welt Ende" (Apg 28,18f.). Jesus sagt in der Vollmacht, die Gott ihm gab: „Ich bin die Auferstehung und das Leben. Wer an mich glaubt, wird leben, auch wenn er stirbt; und wer da lebt und glaubt an mich, der wird nimmermehr sterben" (Joh 11,25f.). Welch eine Perspektive gibt Jesus uns damit, uns, die wir geschaffen sind zum Ebenbild Gottes!

Und geradezu grandios ist das Wort des Apostels Johannes in der Offenbarung: „Ich sah einen neuen Himmel und eine neue Erde" (21,1). Was mag Gott mit der Erde und mit dem Universum alles noch vorhaben!

Henry Emerson Forsdick sagt: „Mir ist es lieber, in einer von Geheimnissen umgebenen Welt zu leben als in einer, die so klein ist, dass mein Verstand sie begreift." Und Max Planck, der die Probleme von Naturwissenschaft und Glauben gründlich durchdacht hat, sagt: „Das richtungsweisende Losungswort in diesem Kampf lautet von jeher und in alle Zukunft: Hin zu Gott!"[33]

Ich freue mich jetzt schon darauf, einmal bei Gott zu sein – und auf die Überraschung, dort zu sehen und zu verstehen, was ich jetzt alles noch gar nicht wissen kann!

Und ich darf dabei sein, wenn mein Schöpfer den neuen Himmel und die neue Erde schaffen wird (Offb 21,1), in denen nach seiner Verheißung „Gerechtigkeit wohnt" (2Petr 3,13). Denn dazu wurde ich ja als Gottes Ebenbild geschaffen. Ich bin gespannt.

# Ein persönliches Schlusswort

Welch liebevolle Fürsorge spricht aus den Worten unseres Herrn und Heilandes:

> „Euer Herz erschrecke nicht! Glaubt an Gott und glaubt an mich! In meines Vaters Hause sind viele Wohnungen. Wenn's nicht so wäre, hätte ich dann zu euch gesagt: Ich gehe hin, euch die Stätte zu bereiten? Und wenn ich hingehe, euch die Stätte zu bereiten, will ich wiederkommen und euch zu mir nehmen, damit ihr seid, wo ich bin." (Joh 14,1-3)

Wie beruhigend, ja, wie schön es ist zu wissen: Bürgerrecht und Heimat habe ich im Himmel (Phil 3,20) – besonders wichtig wird dies, wenn man älter wird oder Krankheit naht.

Ich bin unsagbar glücklich darüber, das zu wissen, auch wenn ich meine Lieben nicht gern verlasse. Aber so hat Gott es in seiner Weisheit beschlossen.

Mir tun die Menschen sehr leid, die immer nur nach irdischen Werten getrachtet haben. Am Ende haben sie nichts mehr.

Deshalb: Liebe Leute, macht euer Bürgerrecht im Himmel klar, nicht morgen, sondern heute!

Sprecht einfach ein ehrliches Gebet, in dem ihr Buße tut und in dem ihr euer Leben Jesus anvertraut, im Glauben und von Herzen, das reicht. Es ist ganz einfach, tut das und haltet im Glauben daran fest. Und wenn ihr unsicher seid, bittet einen gläubigen Zeugen oder eine Zeugin dazu. Gott ist nur ein Gebet weit entfernt.

Und dann gilt es für euch, wie es für mich gilt, Jesus sagt: „Freut euch, dass eure Namen im Himmel geschrieben sind“ (Lk 10,20). Und gebt dies an andere weiter, solange ihr lebt. Es hat eine gute, heilende Wirkung für unser Land und für Europa, wenn jeder Christ sich zeugnishaft öffentlich zu Jesus bekennt und so den Missionsauftrag Jesu erfüllt.

„O Gott, dir sei Ehre!

O Gott, dir sei Ehre, der Großes getan!
Du liebtest die Welt, nahmst der Sünder dich an!
Dein Sohn hat Sein Leben zum Opfer geweiht.
Der Himmel steht offen zur ewigen Freud.

Preist den Herrn! Preist den Herrn!
Erde, hör diesen Schall!
Preist den Herrn! Preist den Herrn!
Völker, freuet auch all!
O kommt zu dem Vater! In Jesus wir nahn.
Und gebt Ihm die Ehre, der Großes getan!

O große Erlösung, erkauft durch Sein Blut!
Dem Sünder, der glaubt, kommt sie heute zugut!
Die volle Vergebung wird jedem zuteil,
der Jesus erfasset, das göttliche Heil.

Wie groß ist Sein Lieben! Wie groß ist Sein Tun!
Wie groß unsre Freude, in Jesus zu ruhn!
Doch größer und reiner und höher wird's sein,
wenn jubelnd und schauend wir droben ziehn ein!“[34]

# Quellenangaben

1 Z. B.: „Gott ist da", „Ich habe ein Zuhause" (beide in der Schriftenmission Lemgo), „Warum ich kein Atheist bin" oder „Mein Vermächtnis an meine Kinder und Enkel" (beide privat herausgegeben)

2 R. Brockhaus Verlag, 1962

3 Strophe 2 vom Lied: „Wer recht in Freuden wandern will"

4 https://www.bunte.de/meldungen/muttermilch-zusammensetzung-abhaengig-von-geschlecht-72928.html

5 https://de.wikisource.org/wiki/Entstehung_der_Arten_(1876)/Sechstes_Capitel

6 https://www.nzz.ch/wissenschaft/biologie/maennliches-gehirn-weibliches-gehirn-ld.1324241.

7 In Marcus Tullius Cicero: „Von der Weissagung", LXXII. 148: https://www.projekt-gutenberg.org/cicero/weissa1/chap003.html

8 Gustav Knak (1806–1878)

9 Quelle: https://de.wikipedia.org/wiki/Die_Weltgeschichte_ist_das_Weltgericht

10 Zitat aus „Die Internationale". So bis heute vertreten und nachzulesen z. B.: https://hugendubelverdi.blogspot.com/2016/01/kein-gott-kein-kaiser-kein-tribun.html

11 https://de.wikiquote.org/wiki/Fjodor_Dostojewski

12 http://www.zeno.org/Literatur/M/Heine,+Heinrich/Gedichte/Romanzero/Nachwort+zum+%C2%BBRomanzero%C2%AB

13 Text: Carl Boberg, übersetzt von Manfred Glehn

14 https://de.wikipedia.org/wiki/Die_Himmel_r%C3%BChmen

15 in seiner Dogmatik „Der christliche Glaube“, Bd 2 1973 S. IX

16 Text: Wilbur Fisk Crafts, dt. Dora Rappard

17 aus „Die größten Geister über die höchsten Fragen“, S. 236, hrsg. von Dr. H. Engel, Verlag Karl Hirsch, Konstanz

18 Matthias Claudius: „Werke in einem Band“, S. 477-479, München, 1976

19 in seinem Buch „Im finsteren Tal“, S. 62

20 Text: Charles Hutchinson Gabriel, dt. Hedwig von Redern

21 P. Hahne: „Niemals aufgeben“; mediaKern, Wesel, 2015, S. 97

22 Text: Adolf Hahn

23 2Mo 20,8 in der Formulierung von Luthers Kleinem Katechismus

24 https://www.zitate.eu/author/albrecht-ernst#zitate-von-albrecht-ernst

25 Alwin J. Schmidt: „Wie das Christentum die Welt veränderte“, Verlag Dr. Ingo Resch 2009 Gräfelfing, S. 85

26 auch nachzulesen in dem Buch „Wie das Christentum die Welt veränderte“ von Alvin J. Schmidt, Resch-Verlag 2009

27 Präambel des Vertrags von Lissabon (2009)

28 Text: Manfred Siebald, Rechte: SCM-Hänssler, D-71087 Holzgerlingen, Abdruck mit freundlicher Genehmigung.

29 Quell Verlag Stuttgart 1958, S. 10

30 aus Martin Haug: „Er ist unser Leben“, Verlag Steinkopf, Stuttgart, 6. Aufl. S. 474

31 „Sieben Männer, die Geschichte schrieben“, SCM Hänssler-Verlag, Holzgerlingen, 2014, S. 57ff.

32 Text: Georg Weissel

33 Max Planck: „Vorträge und Erinnerungen“, 8. Aufl. 1965, S. 333

34 Text: Frances Jane van Alstyne-Crosby, dt. Lotte Sauer; Rechte: SCM Hänssler, D-71087 Holzgerlingen, Abdruck mit freundlicher Genehmigung.

Vom Autor 2009 erschienen, inzwischen in der 9. Auflage:

Uwe Holmer
**Der Mann, bei dem Honecker wohnte** (Buch – gebunden)

In der DDR selbst bespitzelt und benachteiligt, beherbergt Uwe Holmer den Ex-Staatsratsvorsitzenden Erich Honecker nach der Wende in seinem Pfarrhaus. Der Autor schreibt in seiner Autobiografie über seine Kindheit und Jugend, das Leben in der ehemaligen DDR und die Zeit nach der Wende.

Artikel-Nr.: 394582000
Verlag: SCM Hänssler
Auch erhältlich als: E-Book – EPUB

Über eine Enkelin von Uwe Holmer: ein Buch über Vertrauen auf Gott, über Krankheit, Leid und Hoffnung:

Johannes Holmer & Eva-Maria Holmer
**Ich weiß, dass Gottes Plan perfekt ist**
*Lydia – Ein Leben voller Vertrauen*

Lydia, die Enkelin Uwe Holmers, starb im Alter von 28 Jahren. Bei den Straßenkindern in El Salvador begann ein langer Leidensweg mit der Diagnose Krebs. Doch ihre Freude, ihre Willensstärke und ihr Glaube bis zum Tod sind vielen ein großes Vorbild.

Artikel-Nr.: 395434000
Verlag: SCM Hänssler
Auch erhältlich als: E-Book – EPUB